外資系天職を勝ち取る

Masa Fujino

藤野理哉

Parade Books

まえがき

☑ 会社の身売りにより事業が再構築され、あなたの職がなくなる

☑ 相性の悪い人が上司になった、それだけが理由で睨まれ肩叩きを受ける

☑ 変化について行けない無能なマネジメントの意思決定先延ばしが原因で会社が赤字になり、ポストが縮小される

学生の就職先人気企業ランキングの上位に入っていても
あなたがやりがいを感じて充実した会社生活を送っていても
冒頭に挙げたケースで、あなたの「仕事がなくなる」事は誰にでもあり得る、そんな世知辛い世の中になってしまいました。
「どうして私がこんな目に逢わなければならないのだ？」と考えるのもごもっとも、けれどそう考えたところで道は開けません。

私も44歳でそんな経験をしました。
「この世の中は自分など必要としていないのか？」とさえ思った、あの煮え湯を飲まされた悔しさは一生忘れません。表情も暗く、口角も下がったしかめっ面をしていました。
今54歳。わずか10年前とはまったく違う、刺激的で楽しい毎日を送っています。

笑顔にもなれました。

44歳の僕と同じような立場の人が増えている。
けれど書店に並ぶ転職コーナーの本は、ヘッドハンター・転職
エージェントなど専門家による指南書ばかり。「求職者」の目
線で書かれた本が見当たらない。

それが、
僕がこの本を書こうと思った動機です。

僕はごくごく普通のどこにでもいるビジネスマンです。
そんな人が本を書いてもいいじゃないですか。その内容が、
「求職者」のお役に立てるのなら、なおさら。

あなたの天職を見つけましょう。

藤野理哉

目次

第 **3** 章　準備は整った 「天職」を掴もう

第5章 僕を支えた英語とランニング 切っても切れない相関関係

第 **1** 章

2浪1留の末ようやく大卒
TOEIC430点 こんな僕です

1-1 「藤野さん、もうあなたの仕事はありません」

2009年○月○日
上司と人事部長が目の前に座り言いました。
「藤野さん、もうあなたの仕事はありません」

その日から僕の戦いが始まりました。
上司につかみかかる人。泣き通しで訴えかける人。途端に心の病にかかり出社できなくなる人。
いろいろな人がいるようですが、僕は違いました。

「今日から会社は敵だ」
翌日家を出る時家族に言い放った僕の言葉です。
自分を貶めたこの組織を離れ、復讐する事。僕はそう考えました。
復讐の手段、それは「見返す」事です。
「あぁ、あの時藤野にあんな事を言って追い出してしまったのは失敗だった」と、上司人事部長関係者に地団駄を踏ませる。
僕の思考回路はそこに移りました。
これは僕の戦いでした。

どのようにしてその"復讐"を達成するか。そのノウハウを、僕のすべてを注ぎ込んだのがこの本です。

どんな風にして、どんな事を考えて、何をして、新しい仕事を得て成果を上げたのか。

すべて書きます。

気に入った箇所だけで良いです、読んで下さい。

世の中はこの俺を
必要としていないのか!?
僕の転職活動日記①

僕が1社目から退職勧奨を受け2社目に就職が決まった翌日の2010年2月、SNSにアップした日記をここで公開します。

僕は節目節目でこの日記を読み返しています。「世の中はこの俺を必要としていないのか?」とさえ思ったあの悔しさを、絶対に忘れたくないからです。

あなたもそうです。あなたを必要としている人はいます。あなたの転職先は必ずあるのです。

どこかでお会いしましょう。

「僕の再就職活動日記」なんてタイトルをつけておきながら、僕が再就職活動をしていた事さえご存知ないお友達が大半ですね。100%プライベートな内容なので、ここにはありのままを書きます。訳あって、大学新卒で就職した会社を、勤続18年10カ月、1月末で退職しました。もちろん入社したからには最初は相思相愛でしたし、仕事も楽しく、愛してやまない会社でした。入社した頃はロクに読み書きもできなかった英語で、TOEICのスコアが400点近くも上がる実力をつけてくれた環境を与えてくれたのもこの会社、生まれて初めての経験をきっ

かけに何度も海外出張の機会をもたらしてくれたのもこの会社、そして今や転職活動の応募書類に堂々と「国際的な組織で培った論理的な交渉力が強み」と書ける自信を僕に植えつけてくれたのもこの会社です。手前味噌ですが、素晴らしい会社でした。辞めた今、尚更そう思います。

が、どこでボタンの掛け違いがあったのか、あるいは自分に勘違いがあったのか。つまるところ会社も仕事も人と人。きっかけは「退職勧奨」。こんな言葉は聞き慣れない人が多いかも知れませんが、平たく言うと「肩たたき」。もっとわかりやすく言うと、「君、ウチの会社にもう要らない。自分から辞めてくれない？」って事。

僕の３カ月にわたる再就職活動を、以下経時順に手帳を見て振り返りつつ事実と当時の心情をできるだけ臨場的に書いてみます。書かれていないニュアンスやもっと詳しい話を聞きたい方は、飲みに誘って下さい。時間さえ取っていただければ、喜んでお話します。

10/14　自分の属する事業部の責任者S氏・事業部付人事担当マネージャーD氏と面談。やりとりはすべてICレコーダーに録音。

僕に対し退職勧奨を文書で提示。主旨は以下の通り。

☑　下述の条件に合意すれば12/31付で退職

☑　事由は「会社都合」

☑　通常退職金に加え、基本給の4.5カ月分を割増退職金とし

て支給

☑ 業務引き継ぎが終了すれば、求職活動を「出社扱い」と認める

☑ 会社の費用負担で「再就職支援会社」のサービスを提供する

帰宅後、家族に告白。以前から組織内でのさまざまな確執を僕から聞かされていて、且つ僕が最近上役からのウケも評価も悪いのを知らされていたカミさんは、半ば覚悟していたものの明らかに困惑している様子。小6の娘は事態がよく理解できず、矢継ぎ早にいろいろ質問を投げかけて来るが、僕は生返事。

翌日朝、出社する僕が家族に言い残した言葉は「今日から会社は敵だ」。今思えば、望まれない仕事に行くなど、何と空しい事か。

この日を境にすべてにおいて心の余裕がなくなり、無性にムシャクシャし、何かをする気が起きなくなりました、例えば……

まず趣味の乗馬。心身共に健康な状態で初めて楽しめる趣味、心が病んだ状態ではとても楽しめない気がして、足が遠のきました。

続いてSNS投稿。何を書いてもネガティブになりそうなので、そしてそんな事をする暇があったら次の仕事を探すべき（ネットでの職探しは365日24時間できるのです）だとの考えから、アップする頻度が激減。

そして、酒。飲んで我を失う事が怖かったので、できるだけ控

えようと心に決めました。

10/22　宇都宮市弁護士会に相談。1時間の相談報酬10,500円。
相談料に見合う有益な方策の提案は皆無。

10/23　S氏・D氏と2度目の面談。録音。
藤野主張：

☑ **人生の一大事を通告後9日という短期間では回答できない。
人生のメンターなどお世話になった人、家族などと1カ月
相談する時間が欲しい。**

ネットや図書館などで対策に有効と思われる書籍や資料を検索。
購入した参考文献は、「ダメ社員の辞めさせ方」「問題社員の配
転・退職勧奨・解雇の正しいやり方」。

10/30　S氏・D氏と3度目の面談。録音。
会社要求：

☑ **11/11までに回答が欲しい**

☑ **藤野は1カ月と言うが、最初の通告日10/13から1カ月弱
であり、これから2回の週末があるのでいろいろな人に相
談したり考えるのには十分な時間ではないか**

10/31　気分転換に新幹線通勤仲間との那須野外オフに出席、
夜埼玉の実家に出向き事態を両親に説明。

11/2　ネットでたどり着いた、同種の訴訟を数多く手がけて

いるという銀座に事務所がある弁護士に相談。1時間40分の相談だったが報酬は1時間分10,500円にサービスして下さる。ネットの写真で見るよりドライな弁護士、いくつかの交渉術を授かる。相談料以上の価値あり。

11/10　4度目の面談前日。心の整理をするため有給休暇取得。最後の駆け込み寺、東京都と埼玉県の労働弁護団に電話相談。結論を出す。

11/11　S氏・人事Y氏（出張中のD氏の代理）と4度目の面談。録音。

藤野主張：

- ☑ 8月の人事考課でS氏が僕に向けた暴言「給料泥棒」の謝罪を要求。→S氏は「覚えていない」との主張で謝罪なし。人事Y氏が代理で謝罪（それじゃあ何にもならないよ……）

- ☑ 参考文献で得た情報、自分の年齢で失業した場合再就職までに要する平均期間（2003年データ）7.1カ月を基に、それに見合う割増退職金の上乗せを要求→却下される

- ☑ 再就職活動をする際より有利となるよう、退職日を12月末から1月末に延期するよう要求。同時にこの条件を飲んでもらえれば退職に同意する旨伝達→回答保留

11/12　Y氏より1月末退職に同意の電話連絡。

11/13　退職同意書に署名。

11/16　朝、人事部が退職同意書を受領。上長に退職する旨を伝達しできるだけ早期の引き継ぎ完了を要求。午後、上長より引き継ぎスケジュールの伝達。本日午後、明日、明後日の2日半で完了させる旨人事より指示されたとの事。上長に引き継ぎ開始。

11/17　終日業務引き継ぎ。

11/18　終日業務引き継ぎ。社内飲み友達に本日が業務上の最終出社日になる旨伝達。業務関係者に挨拶のメールを送信し午後6時退社。僕の退職を聞きつけた有志の仲間としこたま飲み、在来線終電で帰宅。

11/24　再就職支援会社のオリエンテーションに出席。本格的な再就職活動の開始。

11/27　年末まで有効の新幹線定期を払い戻し。

この期間にした事

☑　18年半にわたる自身のキャリア、強みの洗い出し
☑　履歴書・職務経歴書・英文職務経歴書（レジュメ）の作成

12/12　気分転換に、乗馬仲間と忘年会。突然休会した理由を
いぶかしく思っていらっしゃる方も居て、馬に乗る気力は起き
なくてもたまには酒を飲みたくなり、飲みに行った。お付き合
いいただいたお友達の皆さん、ありがとうございました。

12/15　応募書類3点セット（履歴書・職務経歴書・英文レ
ジュメ）完成。この3点セット完成になぜ3週間も要するのか
と疑問に思われる方もいらっしゃるかも知れません。が、A4
でトータル5枚のこの書類作成には、想像を絶する時間とエネ
ルギーを要します。
この後は、自身のネットワーク、新聞求人（主に日本経済新聞
日曜版）、再就職支援会社開拓求人、そしてインターネットな
どを用いて、求人を探索。興味のある案件は積極的に応募する
と共に、求人企業やヘッドハンターからスカウトメールが来れ
ばそれを検討する毎日、毎日、毎日。これはまるで、出口の見
えないトンネル。いくら魅力的な案件に巡り合えても、相手が
自分に興味を示さなければ無意味。就職活動は何かと同じで、
縁とタイミング。

12/18　応募した商社A社と初の面接。比較的緊張せずに臨
めました。こちらの会社は、求人の募集要項（Job Descrip-
tion）がないまま面接しましたが、営業がしたい僕に対してA
社が求めていたのは購買というミスマッチが後に発覚し、内定
をいただいたがこちらから丁重にお断りしました。

12/29　気分転換に、新幹線通勤仲間とボウリング＆宴会。ここでも、初めて仲間に自身の身上事情を暴露。年始に面接を受ける事になるであろうＢ社の業界で働く友人もいらっしゃって、公私混同のインタビューと相成りました。

1/9-10　新幹線通勤仲間とスーパーママチャリグランプリに参加。行き場を失った中年男性のストレス解消としては最高の環境。これがあったから、結果的に乗り切れたのだと思う。

1/13　ドイツ系機器会社Ｂ社人事部長と面接。自分の経歴書を見ながら、その一つ一つの仕事の詳細をこちらに聞く尋問形式。ソツのない回答はできたが、あまり愛想の良くない人物だった事もあり、手応えに欠ける「つかみどころのない」面接でした。

1/14〜21　Ｂ社ドイツ人上司との２次面接に備えて、ひたすら英語面接の想定問答を一人で特訓。今考えると、この時蓄積した自信が「何でも来い！」の心境につながったかな。

1/21　Ｂ社より不合格通知。振り返ると、面接で不合格になったのはこの１回のみ。残りは、7勝（合格）2分（合否未定のままこちらからお断り）。

1/22　この時点で有望な応募済み求人案件がなくなりほぼスタートラインに戻ったため、オールリセットの気分転換で２カ

月ぶりに乗馬。空いている平日の馬場を芦毛の牝馬夕月に乗って縦横無尽に駆歩。あまりにも久しぶりだったので、その晩から内股が痛くなりました。

1/25　週1回程度面談していた再就職支援会社コンサルタントのアドバイスにより、会費制有料求人サイト「ビズリーチ」に登録。これまでに登録したサイトはすべて無料だったせいか、結果的にここに登録した事が最大の勝因となります。

1/26　ビズリーチ経由Cエージェントより、ドイツ系電子材料会社C社求人案件の紹介を受け、応募。

1/27　ビズリーチ経由Dエージェントより、米国系ファインケミカル会社D社求人案件の紹介を受け、応募。

1/27　ビズリーチ経由Eエージェントより、米国系広告材料会社E社求人案件の紹介を受け、応募。

1/28　D社1次面接、相手は上司となる事業部長。手ごたえは良く、終盤に2次面接に進んだ場合の内容や面談相手の話があり、ほぼ通過を確信する。

2/1　D社2次面接。2時間のSPIテストに続いて、カナダ人による15分の英語面接（事業部長も同席）。最後に事業部長によるSituational Question.候補は自分の他にもう1人、次の

連絡は内定か不合格のどちらか、とのニュアンス。

2/2　C社面接。このポジションは、事業を初めて日本に展開する一匹狼で国内に上司も部下もいないため、この日がいきなり出張で日本に来ていた中国人上司とドイツ人社長による最終面接。質問の大半は圧迫面接に近いタフな内容、しかも英語。1時間愛想笑いをし続けて「そんなもんわかる訳ねーだろっ」と答えたくなる難質問に知恵を絞ってあくまで前向きに答えたため、終了後はクタクタに疲れ果てる。候補は自分の他にあと2人。合否通知の明確な回答納期提示はなし。

2/3　E社人事部長による1次面接。手ごたえは過去の面接の中でも最高で、これだけ場数をこなすと合格や通過の場合、面接終了直後に結果を確信できる事を悟る。

2/4　Dエージェントを通じてD社より最終3次面接の依頼。聞いていた選考プロセスよりひと手間多い。どうやら、自分と対立候補が甲乙つけ難く、事業部長が社長の判断を仰いだ模様。日時は先方の指定で2/9の15:30。

2/5　E社オーストラリア人上司による2次面接。オージー訛りの英語を覚悟していたがほとんどなく聞き取りやすい。が、質問は事前に用意した想定問答とはかけ離れた内容ばかりで、タジタジの40分間。
一週間以内に合否通知との連絡だったにも関わらず、終了1時

間後の電車内で携帯電話が鳴り、嬉しい通過の通知。副社長との最終3次面接は、2/9の10時を指定される。

E社はとにかく意思決定が早い、との印象を強くする。

この時点で、仕事の内容・会社の雰囲気・規模や事業の将来性・福利厚生・待遇・上司となる人との相性や新幹線通勤を前提とした会社のロケーション・自分が成長できそうな環境か、などを総合的に勘案して、第1希望がE社、僅差の第2希望がD社、離れた第3希望がC社の順。どこか1社でも内定をいただければ、入社する心積もりでした。

2/8　失業給付認定手続きのため、生まれて初めてハローワークへ。

今更準備する面接対策は何もなく、いかに感謝の気持ちと熱意を伝えるか、鏡を見て笑顔と発声の練習。

そして正念場の2/9、最終面接ダブルヘッダーを迎えます。

午前10時　E社副社長との最終面接。副社長は異業種からの転職。面接の冒頭で僕が大学の後輩である事を話してくれ、緊張が緩む。さすがに副社長だけあって先の結果を予想させる言動は少なく、慎重な物言い。しかし、手ごたえを感じて終了する。結果通知は2/19まで、との事。あれ？　一営業日毎にトントン拍子に面接をしたこの会社にしては、最後だけどうして遅いんだろう、と感じた。これが、後に重大な意味を持つ事になる。

午後3時半　D社社長との最終面接。

社長室に社長と上司の事業部長。部屋に入るなり、「いらっしゃい、そして、もしかしたらお久しぶりかも知れませんね」と言われ驚いていると、「この会社にあなたの事を知っている人が居ますよ、Mさんという方」と続く。ほどなくMさんがやって来る、十数年ぶりの再会だ。なんと社長は、自分が1月まで勤めていたI社を14年前に飛び出してD社社長に就任したという経歴。MさんもI社出身、しかも社内結婚。奥様は僕の元同僚で、M家には一度お邪魔した事があり、今でも年賀状を交換する間柄。運命的なものを感じた事は、言うまでもない。

非常に弁の立つ社長のまくしたてるトークが主で、凡そ面接とはほど遠い内容。今考えると、僕に会って人となりを確認したいために呼ばれた3次面接だったのでしょう。

候補は人数非公開だが他にも居て、合否は1週間以内に通知するとの事。

この日が終わってD社に今まで居たI社の先輩2名がいるとわかっても、第1志望E社、第2志望D社、の気持ちに変化はありませんでした。

運命の翌2/10。3社の最終面接を終えたとはいえ、当然だがまだどこからも内定の通知はなし。バイタリティーがあれば新たな求職のクチを探すべきなのでしょうが、完全に抜け殻状態。昨日振り込まれた退職金をどうやって運用しようかネットでい

ろいろ調べていた午後5時09分、第2希望を扱うＤエージェントからの電話が鳴ります。内定通知、そして返事は今日中に欲しい＆2/15から出社して欲しい、のオマケつき。ん、給料は？と聞くと、何と既に伝えた2009年の年収より5％アップ。どうやら社長から、「時間がたてばどう転ぶかわからない、欲しい人材は早く確保せよ」の指示が出された模様。当然返答は保留し、いったん電話を切る。

すぐさま第1希望を扱うＥエージェントに電話。Ｅ社からの合否通知回答納期を極力早めるよう依頼。ほどなくしてかかって来たＥエージェントは、Ｅ社人事部からの「2/19までの合否通知は早められない」との回答を事務的に僕に伝達します。

Ｅ社で仕事がしたい。しかし入れてもらえる保証はない。
ならばＤ社に入るか。断るか。
頭を抱えてベッドで唸る。人生でこんなに悩んだ事はない2時間でした。

人材斡旋をするエージェントは、成功報酬制。我々のような転職希望者をある会社に転職させると、その会社から転職者年収の3割程度を受け取る。なので、いくら世話をしても最終的に候補者を入社させなければ、報酬はゼロ。All or Nothing.

だから僕はＥエージェントをけしかけた。できればＥ社に行きたい。これまで意思決定は早かったじゃないか。なので、Ｅ社は僕をどう考えてくれているのか。①内定を前提②不合格を

前提③決定するまで内容は一切非通知のどれかだろう。午後7時の段階で1時間の猶予を与え、①②③どれなのか回答をくれ。①ならD社は断る、②③ならD社に入社の意思を伝える、と。人事部長に聞いて結論が出なければ、副社長に聞いてみてくれ、と。

Eエージェントののんびりした対応に業を煮やした僕は、E社人事部長に直談判のため電話もした。が、退社後＆携帯電話の番号も不明、おまけに2/12は有給休暇。

この就職超氷河期に、前職より5％アップの給与を提示して下さるD社社長の懐の深さ。

人を感動させるのは、やはり人。僕を必要としてくれる場所、欲しいと言って下さる人と働きたい。そんな心意気に応えるためには、本日中にくれと要求している入社の意思回答を明日まで待ってもらうのはあまりにも失礼だ。回答を遅らせれば、今なら僕を快く受け入れて下さる気持ちが薄らぐだろうし、何と言っても第2希望である事がバレる。

7時19分。Eエージェントから電話。期限の8時よりずいぶん早い、良い返事だろうか、と思って電話を取る。

呆れた。E社の誰もつかまらない、回答のプロセスも明かせないし納期も早められない。7時前の電話と何も変わっていない。僕はキレた。「8時まで時間をあげたのだよ、それまで何とかしようとしないでよくこんな電話をのうのうとして来られる

ね」「僕はE社に一番行きたいんだよ。あなただって、僕を入れなければ報酬ゼロでしょう」「しかもこのポジションは、8か月も探し続けてまだ決まらないんでしょう、僕を逃したら未来永劫決まらないかも知れないよ」

お坊っちゃまのEエージェント君、「藤野様がほかに行かれるのであれば仕方がありません」その台詞を聞いた僕は、「お世話になりました、D社に入ります。E社の方には本当に申し訳なく残念です、とお伝え下さい」と電話を切る。

ひとり静かによく考えてみた。D社はどんなところだろうか、どんな仕事をする事になるのだろうか。ファインケミカル……

改めて、数日前から作成したD社とE社の比較表を眺める。もともとほとんど同等、E社が上位なのは、①昔少しだけかじった事がある製品と業界の知識　②家からいくらか近い　の2点だけ。冷静に考えればD社の方が優位な点も多いし、自分の実力は存分に発揮できるじゃないか。

7時29分　Dエージェントに電話、「D社でお世話になります」。ようやく終わりました、再就職です。

11時過ぎに寝ついた僕だが、興奮しているせいか3時過ぎに目が覚める。たまたまこの日は深夜に帰宅したカミさんも寝つけない様子。話し出すと、前夜に限っては妙に良い子を演じてくれた娘も起き出してしまう。僕が仕事を失ったという事実は、

女房にも娘にも無類のストレスを与えていたのでした。今まで
支えてくれて、ありがとう。

得られたもの

☑ 修羅場をくぐり抜けたという経験
☑ 家族の結束
☑ 自信

ひとつひとつの出来事を詳細に綴れば、一冊の本が書けるくら
いの経験をこの３カ月でしました。僕の人生絵巻は今日が折り
返し点です。

今日は家族がお祝いしてくれました。１カ月ぶりのビール、お
いしかったです。
来週から仕事です。嬉しいです。どんな出会いがあるのだろう。
最初の１カ月は、寝る時と食事する時以外は勉強だな。
それと……新幹線通勤も復活だ。おぉっと、仕事場は×××で
す。

世の中はこの俺を
必要としていないのか!?
僕の転職活動日記②

前項で紹介した退職勧奨、「あんな経験、もうまっぴらだ」と思っていたら、ヘッドハントされて移った3社目に勤めて2年足らずのある日、突然やって来ました。その日から始まった4社目への転職活動が決まった翌日2017年12月2日、やはりSNSにアップした"日記"をご紹介します。

転職しました。新天地での仕事が昨日12/1に始まりました。こんなに「仕事がしたい！」と思って出社した日は人生で初めてです、嘘偽りなく。

事の起こりは、忘れもしないゴールデンウィーク明け二日目5/9の17時過ぎ。9時間の時差がある英国工場のプロジェクトマネージャーを捕まえた短い電話を終えた会議室に居た僕に、「藤野さん、ちょっといいですか」とノックする日本人上司（ドットライン）が、人事部長を引き連れて正面に座ります。二人のこわばった表情から「ただ事ではないな、何だろう？」と思った次の瞬間、上司が「本当に申し訳ない」と僕に謝ります。「藤野さんのポジションをなくすので、6月末で会社を退職していただきたい」いつも冷静な人事部長が、この日もポー

カーフェースで切り出します。何を言われているのか理解できませんでした。青天の霹靂。そもそもこの会社このポジションにはヘッドハントされてやって来た、2年前の8月から。いざ入ってみたら初めて見える状況景色はあったものの、アウトプットを出すために考えられる手はすべて尽くした。その結果がこれか。

二人が退室した後、たぶん小1時間くらい会議室でボーっとしていたでしょう。夜の予定をキャンセルし、茫然自失で20時過ぎに帰宅。「今夜は遅く帰る」と伝えてあったカミさんにLineのメッセも何もなく帰宅したので、まず「あれ、どうしたの？」と聞かれる。一通り顛末を話してカミさんから出た言葉は、「パパの人生、ジェットコースターみたいだね。こんなの、やだな」。

翌日、記憶の限り社会人生活で初めて会社を病欠しました。上司に電話し「気分がすぐれないので休ませて下さい」と。よくよく振り返るとしんどい2年間でした。職に就いて2か月後、最初の出張で顔を合わせたパートナーになる英国工場の工場長が発した耳を疑う暴言（規約上ここには書けません）。反論する気力も意欲も湧かないその言質に「あぁ、オレはとんでもない所に来てしまったな」と諦めたのをよく覚えています。よくぞ2年も頑張った、と言えるかも知れません。

実は退職勧奨を受けるのは2度目です。1度目は2009年。詳細は割愛しますが、その時に得たノウハウがあるので自分がどうすべきか、どう闘うべきか、を思い起こすのにそれほど時間はかかりませんでした。交渉事では相手の話を「理解」

（Understand）してその後「受諾」（Accept）するのが順序。立場が異なる相手の話を感情で「理解」はするものの、論理で「受諾」はできない、という例はよくある。しかし、この話は「理解」ができない。何を言っているのかわからない。だってそうでしょ、"We are very keen to hire you" とボスに口説かれて一本釣りされ、オファーレターには "endless opportunity" と書いてあった。百歩譲って今のポジションがなくなるのは理解できても、社内に他のポジションを用意しなさいよ、人事部。僕は今52歳。今更再就職活動をしなさいって？　例えて言うなら、僕の立場は「猛烈に言い寄られた彼氏とその気になり結婚したけど、2年後手切れ金と共に離婚を切り出された女性」。相手からの愛情がゼロになったら、未練たらしくじたばたするのも見苦しい。「今に見てなさい、もっと魅力的な男性を見つけて見せるわ」といったところ。

思い出したくないので、社内別ポジションへの異動交渉は割愛。割増退職金をいただいての "会社都合" 退職同意書に、7/28署名。SNSに「今日の味方は明日の敵」「よし、前を向こう」などと事情を知らない人にとっては意味不明なつぶやきは、この頃だったでしょう。ここから再就職活動を本格化させました。強がってはみたものの、外資系で業界も限定させて候補者の年齢が52歳などという条件に合致するポジションなど、そうありはしない。ヘッドハンターや転職エージェントが持っている "既存の"「求人情報」だけではなく、自分が "行きたい会社・ポジション" に直接売り込む、という事も当然しました。狭い業界、ネットワークを頼って求人を求めたり、意識の高い勉

強会で出会った頼りになりそうな人に、常に持ち歩いていた職務経歴書を渡したり。今だから言えますが、入れば初体験になる日系企業や、異業種の案件にも応募し、振られました。僕の再就職活動のハイライトを差し障りのないように、最終的にオファーをいただいた2社を中心に書きます。

本命は、結果的に入社したA社。Job Descriptionを見るとこれまでこなした業務に極めて近く、違和感なく入っていけそうなポジションです。が、いろいろ問題はありました、大きくは3つ。①選考プロセスがとにかく遅い。応募の意思表示からオファーまで、結果4か月以上かかりました。上司が外国人でしかも2名、おまけにその2名と「直接会って面接」を必ず経てから採用、がこの会社の絶対方針。そりゃあ時間もかかります。②　①にも関係しますが、自分を含めた候補者がずっと多数居た。「藤野さんは最有力候補ですよ」とずっと言われてはいたものの、落とされる脅威と常に隣り合わせ。結果他案件にも応募する事でしかリスクヘッジできませんでした。③ヘッドハンターがアマチュア。JDに記載してあったある項目を最初の面接で質問すると、相手が「あなた何アホな事言っているの？」状態。つまりヘッドハンターからの情報が誤り。他にも満足できかねる対応があったので、応募してからこの案件を紹介してくれた競合ヘッドハンターの外国人に僕からけしかけて担当してもらい、アマチュアな日本人ヘッドハンターにはお引き取り願いました。

対抗は、上述②の理由で応募したB社。ここ7年キャリアを積んだ業界でのポジションですが、業務内容は若干異なります。

しかし、応募するとこのB社はウェルカム感満載。採用プロセスはトントン拍子に進み、遂には先にオファーが来ます。加えて、この案件担当のヘッドハンターは超×100アグレッシブな外国人。承諾なく僕の履歴書を他社に出して応募する不手際をたしなめても、どこ吹く風。この人、僕の事を「動かせば金になる」商品とみなし、僕の人生など"これっぽっちも"考えていない。「B社からのオファーにサインしろ」攻撃をのらりくらし交わし、本命A社と交渉します。

「再就職先があるかどうか皆目不透明」と「A社がダメでもB社があるさ」では、心の安定感がまったく異なります。こうなれば強気。B社からのオファーをA社ヘッドハンターに伝えると、A社の慌てぶりが見て取れる。とある火曜朝「ドイツ人ボスとの面接に今週金曜に行けるか」の打診があり受諾すると、その日の昼には水曜深夜発の航空券（直前手配なので高額！）を予約。木曜昼には現地に着き、木曜午後と金曜ボスをはじめ関係者複数名と面談雑談、そして候補者として可能な範囲の工場研究室見学。

このドイツ行きを通して、僕には確信めいたものがありました。高額な航空券代金をA社が負担した時点で、冷静に考えれば僕にオファーをくれるに決まっている。そうでなければ、どこにそんな裕福な会社組織があるでしょう。そして、いざ現地でボスをはじめ関係者に会った時の感触。これぞ「直接会わなければわからない事、電話会議や人工知能で代替できない最たるもの」と確信した。僕のキャリアをきちんと見て「あなたは米国外資系のキャリアが長いが、我々ドイツの文化は少し違う。

我々はこんな風に仕事をする」との丁寧な説明。2月に日本出張予定の2名からは「東京の美味しいレストランを案内してね」って、それ僕がもう採用される前提で話してるじゃん。最後は「もう1社から君にオファーが来た事は聞いている。しかしこの組織に来てくれる事を願う」との真摯な言葉をボスから受けた僕は気分よく面接を終え、帰国。翌週金曜にはオファーをいただき、長かった再就職活動に終止符を打ちました。

長かった。とも言えるし、そうでもなかった、とも言えるこの約半年。5/9に退職勧奨を受けてからは7ヶ月、5月6月形式上の業務をこなした後7/3から出社しなくなってからは5ヶ月。この7か月「意志」のある仕事はしていません、いろいろな事が思い起こされます。

この体験を文字にして出版したい。僕の心の内を知ってもらいたい、培ったノウハウを同じ境遇の人に役立てていただきたい。3度の転職、うち2回が退職勧奨、などという僕のような輩は、そうはいないでしょう。なので本にしたいのです。いくら給料が出ているとはいえ居場所のないこの5か月。何とか5か月で終止符を打ちましたが、いつ終わるかの保証はまったくなかった。

どうやって過ごしたでしょう、簡単です。ランニング、走り込みです。予定のない日は1日野山を走り回っていました。フルマラソンの目標達成に向けた脚づくりに走り込みしたかったし、何より走っている間は余計な事を考えないし前向きになる。7月～11月の5か月で計2,200km走りました。

"働かないのに給料が出る"生活。これを読んでいるあなた、

憧れますか。僕の事情を話した人からは「いいなあ」などと言われる事がほとんどで、大抵僕は笑顔で平静を装っていましたが内心「そんないいものじゃない、冗談じゃない」と叫んでいました。次の仕事が見つかったから今は笑って振り返る事ができますが、世のリストラされるビジネスマンが皆そうとは限らないでしょう。繰り返しますが「次の保証はない」、そんな状態だと、給与をいただいても心は休まらないのです。そんな気楽なものではありません。加えて、毎日ブラブラして「世の中に労働力を提供していない」事実、屈辱感。これは体験した者でなければ理解できないでしょう。「世の中はこの俺を必要としていないのか？」との思いにうなされて目覚める夜中、気づけば寝汗がだくだく。この悔しさを味わうのは二度目ですが、一生忘れない。同時にこの苦境を乗り越えて家族との結束が強まった事は、プライスレスな財産です。平日昼間に家の近くを僕が歩くと、近所の奥様は挨拶を返してはくれるものの、怪訝な表情。きっと「藤野さんの旦那さん、失業したのかしら」とでも思ったでしょう。わが女房は、言いたい事もあったでしょうに、そんな状況でよくぞ耐えてくれた、と思います。

新しい職が見つかった今だから言うと、ヘッドハントされて2年4ヶ月在籍した会社からは、退職勧奨されて良かった。「自分の居場所ではないな」との言いようのない違和感が、ずっとありました。同時に、60歳定年まで勤め上げる会社ではないな、ともどこかで思っていました。更に言うと、A社でオファーの決め手となったボスとの直接の面接。前職ではボスと3回電話で話しただけで結局会わずに採用されたので、もし

会っていたらボスとのミスマッチは防げた、かも知れません。それほど、人と人の相性は大切、この歳になると「ボスとの相性、Chemistryが大切」だと心底思います。

これほど"働きたい"感に溢れた僕を採用したA社はいい買い物をした、と思います。こんな52歳を採用してくれたボスをはじめA社には、どんなに感謝してもし切れません。これから思う存分働きます。2度の退職勧奨を経験し、自分は精神的に成長した、と確信を持って言えます。

しかし、「安心して働ける」Job securityは大切です。僕が去った会社の同僚が催してくれた壮行会で「明日は我が身」なんて言っている。こんな精神状態で、会社や組織にロイヤリティを持って良い仕事ができるでしょうか。

自分のような立場の人は、今後ますます増えるでしょう。誰にでもわかる例は、東芝、シャープ、神戸製鋼。僕は何とか乗り越える事ができたので今はハッピーですが、またいつこんな境遇になるかわからないし、僕のような輩ばかりでなく、会社から「辞めて」と肩を叩かれて思考停止になり黙って従ってしまう人も多いはず。そんな人達の支えになりたい、と考えキャリアコンサルタント資格取得の勉強も始めました。こんな経験、もうたくさんです。

でも次も外資系、どんなに楽しく仕事をしてどんなにボスとの相性が良くどんなに結果を出していても、退職勧奨はいつ降りかかってくるかわからない。なので、副業起業を始め、雇われなくてもある程度食って行ける状態にします。新天地は丸の内です。このノートの話をもっと聞きたい方、是非遊びにいらし

て下さい。復活した新幹線通勤は、3月に20周年を迎えます。

1-4

いかなる仕事も所詮 "相性" 必要なものは 笑顔・素直な心・一生懸命さ

この原稿を書いている僕は今、職業人生4社目でキャリアを積んでいます。

前項「僕の再就職活動日記」で書いた通り、僕と大学新卒で入った1社目とは相思相愛でした。では、どうして結果的にそこを辞める事になったのでしょう。

それは「相性」に尽きる、10年たった今言える僕の結論です。

名経営者の稲森和夫さんはこのような事を仰っています。

成果＝考え方（Attitude）× 熱意（Passion）× 能力（Ability）

考え方のスコアは、マイナス100〜プラス100

熱意と能力のスコアは、0〜プラス100

1社目でつまはじきにされた自分を振り返って、考える事が2点あります。

一点目は、「"考え方"にマイナスポイントがある」という事。高い熱意と能力があっても、否定的な考え方で仕事をしたら社会悪にもなりえる成果がもたらされる。代表的なのが多くのエリートが罪を犯したオウム真理教でしょう。自分にあてはめて

これはどうだったか。スコアはともかく、僕は会社の理念を理解し、上司と合意した自分の目標を達成するべく、上司より1時間半も早く出社してポジティブな考え方で能力をフルに発揮して仕事をしていました。「積極性が足りない」「口の利き方が生意気」など、僕を嫌いな一部の人による恣意的な評価により僕は退職に追い込まれました。評価者が僕の事を「気に入らなかった」、それだけの話です。

二点目は、3つの指標が足し算ではなく"かけ算"になっている事。人間の能力は、どんなに高い人と低い人を比較してもせいぜい倍半分くらい、だと僕は思います。では、熱意はどうでしょう。相性の悪い人に改善点ばかりを指摘されている人が、熱意を持って仕事をできるでしょうか。「この会社なら、この上司の下でなら成果を出そう」との健全な熱意を持って仕事をする人は、そうでない人の10倍、いえそれ以上の成果を出せるのです。

マイペースな僕ではありますが、1社目退職前の数年は今振り返ると理不尽に苦しい毎日でした。当時の僕は今ほどメンタルタフネスがありませんでしたし、おかしいと思った事をアサーティブに冷静に伝えるコミュニケーション力も残念ながら持ち合わせていませんでした。

昔も今も、会社や組織の悩みでトップにランクされるのも、会社を辞める理由で1位になるのも、「人間関係」です。人間が2人いれば、いじめも起きます。

あなたの考え方に大きな影響を及ぼす人間関係、もしここに苦しみがあるようなら冷静に考えてみましょう。理不尽ではない

か、と。

もう一度書きます、いかなる仕事も所詮"相性"です。特に、上司との相性は非常に大切。そして必要なものは笑顔・素直な心・一生懸命さ。これさえ持ち合わせていれば、何とかなるものです。

入れてもらえるのは
外資系しかなかった
でも生き残らねば

この本を手に取って下さったあなたに、私の自己紹介をしましょう。

藤野理哉54歳。既に述べた通り、すべて外資系で米国も欧米もアジアの文化も経験しほぼ一貫してセールスエンジニアのキャリアを積み現在4社目です。では、そもそもなぜ最初に外資系を目指したか。大事なところなのでそこをお話します。

なんて前置きするとさぞ立派な志があったのか、と思われたかも知れませんが、まったく逆。外資系しか「入れてもらえそうになかった」からなのです。

理由は簡単、僕が2浪1留したからです。

僕が就職活動をした1991年はバブル絶頂期、そんな劣等生の僕でも複数社から内定をいただける売り手市場でした。でも、日系一部上場会社は「24歳以下」という応募制限がありました。卒業時25歳になる僕は、「大学新卒」とはみなしてもらえなかったのですね。

感覚人間の私は志望する会社の業界はあまり絞らず、フィーリングを重視。割と個性的で奔放なので、保守的に見えた会社にはあっさり振られました。そんな中、最終の役員面接で当時趣

味だった競馬の話を熱く語ったところ、それを「面白い」と思って下さったただ一人の方に拾われ、1社目とのご縁が始まりました。

そんな消極的な理由で飛び込んだ外資系の世界ですが、仕事の現場では当然の事ながら英語が飛び交います。新卒新入社員時の僕の英語レベルは、帰国子女を含む同期26人中ぶっちぎりのブービー。留学はおろか海外旅行経験もなかったこの僕、身の程知らずでその世界に飛び込んでしまった、と気がついてもあとの祭りです。

冷静に考えました。たかが英語、されど英語。英語圏では子供だって話している。ひらがな漢字をたくさん使い読みも複雑な日本語に比べ、文字はアルファベットだけでわずか26文字。送られてくる英文メールやたまに話す外国人との会話も、集中すれば何とかコミュニケーションできるもの。要は本気です。英語は本気になれば誰でも身につけられます。但し、本気になれば、です。ここはくれぐれも強調します。

英語は目的ではなく手段、コミュニケーションの手段です。よく言われる事ですが、英語が上達しない人のほとんどは、目的が不明瞭だから、だそうですね。僕もそう思います。

この仕事を取るために、相手の言う事を理解し顧客に伝えなければならない。そんな明確な目的があれば、そしてその目的が真に自身の欲求に基づくものであれば、寝食を忘れて目的を果たそうと頑張るものです。

そんな経緯で飛び込んだ外資系で、今では1人前以上の仕事をこなしこうして本を書けるまでになりました。そこは日系企業

とどう違い成功するためには何が必要か、を次項で僕なりにお話しましょう。

こうすれば仕事は楽しい
外資系で成功するための心構え

僕は外資系で働いた事しかありません。でも、それはいろいろな面でとても良かった、と心底思っています。どうしてか、「こんな心構えが持てるようになった」からです、それをいろいろな角度から書きます。そしてそれはそのまま、成功するための心構えになる、と信じます。

① **成長意欲を持ち続ける**

　どんな仕事もしんどいのでしょうが、ふと考えた事があります。それは、「僕は社会人になってから土日もいつも仕事の事を考えている」という事です。僕の性格がそうさせるのかも知れませんが、たぶん目標がチャレンジングなものだから、という理由もあるでしょう。こんな環境に身を置くと、人間どんどん成長できます。成長欲求のある人は是非外資系を目指して欲しいと思いますし、逆説的な言い方をすれば「現状維持で良い」「成長などしなくても良い」と考える人には、向かない環境でしょう。

　余談ですが、お酒を飲むと人間本音が出ます。大学時代の同級生など、日系企業で働く知人（友人ではありません）の中には、負荷が少ない仕事（その人の話しぶりからの僕

の判断です）をして僕より収入の高い人がゴマンといます。そういう人は、体形や話し方、お酒の飲み方などを見れば考え方がわかります。けれども、負け惜しみではなく僕は彼らのようになりたいとは思いません。成長意欲が見えないからです。

②　自我をしっかり持つ

日本企業で求められるのは、ふた昔前だと社畜、一昔前だと会社への服従、そんな事でしたが、外資系では「あなたはどう考えるのか」が常に求められます。個人と組織、ではありますが、リンカーンの演説で言われるニュアンス「あなたが会社にどう貢献できるかを考えよ」という文化です。

暗記重視偏差値偏重で好成績を収めてきたけれど、独創的な考え方ができない人は数多くいます。外資系で求められるのは、前例でも事なかれでも横並びでもない、「問題を見つける」「なぜ問題なのかを論理的に説明できる」「問題を解決する」能力です。換言すると、「あなたはどう考えるのか」です。

③　おかしいと思った事には声をあげる

自分自身で考えていて初めてできる事ですが、「おかしいと思った事には声をあげる」心構えが求められます。建前でなく本音を話す、と言い換えても良いでしょう。

外資系で28年働いて強烈に感じる事の一つに、「日本語

の"本音"と"建前"という概念は英語に訳せない」があります。欧米人は本音ベースです、建て前などありません。「本当は言おうと思ったんだけど和を乱すと思ったので黙っていた」などという事なかれ主義が、特に米国人は大嫌いです。だったらなぜ会議で発言しなかったのか、と怒鳴られて、何も言い返せず悔しい思いをした経験が僕にはあります。

おかしいと思ったら、その場で声をあげましょう。但し、くれぐれも代案を用意する事をお忘れなく。

④ **1年前の自分と比べて成長を記録する**

1年に一度、自分の能力の棚卸をしましょう。僕は図書館にこもってこれをしています。

この1年、しんどかった仕事は何か、達成できた事は何か、失敗し「もっとこうすれば良かった」と思う事は何か。次々に思い浮かぶ数が多いほど、あなたの仕事は内容が濃かった、と言えるでしょう。逆に何も思いつかないようでは心もとないです。これらの仕事を通じて、身につけた、できるようになった事は何でしょう。文例を見ずに英文メールが書けるようになった、緊張せずに英語の電話に応答できるようになった、難しい交渉をポーカーフェースで乗り切れた。どんな事でも良い、必ず「具体的に」書き出しましょう。

外資系は社員に終身雇用を求めません。なので、身につけたスキルはあなたのもの、会社のものではありません。会

社という組織構造を使って給与をもらいながらスキルを身につけられますが、それはあなたのものです。漏れなく記録して自分の血肉にしましょう。

⑤　**ハッタリをかます**

少々大袈裟かもしれませんが、僕は大真面目です。よく、何割の自信があると「できる」と言うか、で国民性が表されますが、僕の見るところ日本人は9割、米国人は6割、英国人は5割、インド人は1割、そんなところではないでしょうか。

できる、と言って自分を追い込む、という側面も見逃せませんが、概して日本人は国際社会標準の中で奥手、謙虚です（良く言えば）。しかしこの美徳はインターナショナルでは評価される事は少なく、「喋らないので何を考えているのかわからない。何も考えがないのでは」と思われます。心構えの問題です。ハッタリをかますくらいの気合で外国人と接しましょう。笑顔で、握手は力強く、喋る時は腹から張りのある声を出す。根性論になりますが、「気合を入れろ」という事です。

1-7

もちろん性格もあります
僕が外資系になじめた理由

大学を卒業して早28年、4社にわたる僕の職業人生はすべて外資系での環境です。

2社目に出会えてからこうして毎日楽しく仕事ができているのは、やはり僕の性格や特性が環境に合致しているからでしょう。どうしてこうもなじめたのか、僕なりの分析をします。

① **ストレートなコミュニケーション**

　外資系で毎日英語を使ったコミュニケーションしていると、そのスタイルは日本語よりも英語に近いスタイルになります。よく言われる事ですが、日本語はコンテクスト（文脈・行間）、英語はコンテンツ（内容、書いてある事そのもの）のコミュニケーションです。加えて、僕の性格は昔から空気を読まず直球そのもの。もともと持っていた資質もそうなら、その資質がつぶされない環境で仕事ができた。これが、僕が外資系になじめた最大の理由でしょう。僕をよく知る友人の一人は、「アメリカに行くべきところ、間違ってコウノトリが日本に落とした」などと言ってくれるくらいです。

② **調和より目的**

日系企業の顧客と仕事をしていると、「他の部署の事には口出ししない」「階層を重んじる」「必ず上司の承認を取ってから仕事を進める」などの、外資系とは異なる企業文化が垣間見られます。いずれも自分が苦手とする事であり、「成果を出す」事を目的にして、その目的を達成するために仕事をする意識が潜在的に刷り込まれた自分は、それが性格に合致していたのでラッキーだった、とつくづく感じます。

③ **違いを楽しむ**

僕は海外出張が大好きです。会社に居る時より国内でも出張が好き、更に海外ならもっと好き、といった具合。特に米国に行った時に感じるあの「すべて自己責任、文句を言う暇があったら自分で人生を切り開け」的な雰囲気にワクワクします、日本と180度違います。金太郎飴を大量生産する形式の義務教育に何となく違和感を持っていた自分は、このように刺激や冒険ができる環境が合っていたのでしょう。米国だけではなく、アジア圏内の中国や韓国でも文化や仕事の進め方は全然違う。けれど、それにあまり腹を立てないでケセラセラで働いている自分がいます。型にはめこみ組織への忠誠を要求される日本企業では、こうはいかなかったでしょう。

以上、僕が外資系になじめたと思っている理由ですが、これを

読んで「自分は違う」と違和感を持つ読者の方がいらっしゃれば、あなたにとって外資系は適所ではないかも知れません。

ある統計で、外資系にはB型の人が多いという話を聞きました。B型といえばマイペース、僕の性格そのものですが、悪く言えば協調性には欠けます（正確に言えば、承認を取る前にトットコ仕事を進めてしまいます）。能天気で楽観的な僕のようなキャラクターだから外資系になじんだ。これが僕の分析です。

1-8

外資系は女性に有利

仮に読者のあなたが女性で転職先を外資系にしようか内資の会社にしようか悩んでいるとしたら……僕は強力に外資系をお勧めします。

僕は今4社目勤務ですが、ボスの他に複数いる仕えるべき上司の一人は30歳代の女性です。とても有能な人です。

男女雇用機会均等法ができたとはいえ、この日本はまだまだ男尊女卑。女性も男性と同じように教育を受け、出産し、子供を保育園に預け、仕事をする。このプロセス、例えば僕が今働く会社の本社があるドイツでは当たり前の事です。ドイツに行くと、社会全体に「男女平等」の意識が根づいている、と感じます。実際、この原稿を書いている時点でドイツの国家元首は女性です。

前置きが長くなりました。女性にも平等にチャンスを与える、正当に処遇する、といったチャンスが数多く得られるのは、絶対に外資系です。換言すると「やり甲斐のある、チャレンジングな仕事ができる」「報酬がたくさん得られる」のも、断然外資系です。

女性のあなた、目指すロールモデルはいますか？　Yesと答えた人はHappy、たぶん多くの人はNoでしょう。目標となる

ロールモデルを見つけ、しなやかに仕事をして下さい。

第 2 章

失業はチャンス！！
やせ我慢でなく本当に

2-1 失業を「生まれ変わるチャンス」と捕える

2-1-1　失業を「生まれ変わるチャンス」と捕える

最初に一番難しい事を書きます。

今僕の職場を見渡すと、心や身体が病んでいる人がとても多い、と感じます。外資系ですから高い目標の成果を求められ（かく言う僕もそうです）、その重荷に疲弊しているのかも知れませんが、それでも元気に凛と働いている人と、溜息をたくさんついている人とがいます。

統計によれば、自発的に転職を考える人が今いる組織を離れたい理由のナンバーワンは、今も昔も「人間関係」です。大きな組織であれば配置転換で人間関係をリセットできるチャンスはありますが、そう思い通りにはならない人が大半です。

この本の売りは、「転職エージェント・ヘッドハンターなどの人材流動の専門家ではなく、普通のビジネスマンが求職者自身の立場で経験に基づいて書いた、転職を目指す人への本」です。その体験から間違いなく言える事実、それは「新しい仕事を見つけた時、そこにはあなたを悩ませた昔の人間関係はない」の

です。

僕は、いじめはこの世から決してなくならない、と思っています。人間が2人いればいじめ"もどき"は必ず発生します。なので、新しい職場には新しい人間関係があり、それはもしかしたら今までいた組織のそれより複雑でドロドロしたものかも知れません。しかし、僕がそうであるように、転職により「水を得た魚のように生き生きと働く人」が一定数いるのは間違いありません。トレードされた新天地で別人のように活躍するスポーツ選手と似ています。

このように考えれば、失業したあなたが新しい仕事を探す事は「生まれ変わるチャンス」と捕えられます。

すべての物事には表裏があります。ほとんどすべての短所も、見方と見る人が違えば長所です。価値観の尺度が違うだけ、という例はとても多いのです。

なので、まず思い込みましょう。失業は「生まれ変わるチャンス」です。「天職」に出会うチャンスです。人生をリセットしましょう。楽しい未来があなたを待っています。

2-1-2　肩たたきに対する建設的な対処法

この項では「肩たたき」すなわち退職勧奨にあった場合どう対処すれば良いか、を僕の経験からお話します。

① **落ち着いて対処する**

最も良くないのは、取り乱す事です。泣きだす、わめく、土下座する。このような事をしてもあなたは今の組織に残れませんし、自信を貶めるだけです。肩を叩かれた事実を冷静に受け止め、安易な行動は慎みましょう。そして相手は交渉のプロ、場合によっては弁護士も立ててきます。それに対してこちらは一個人。提案に対する回答を急かす、など相手はいろいろなテクニックを駆使して来るでしょうが、落ち着いて対処しましょう。

② **泣き寝入りしない**

退職勧奨を受けると、具体的な条件提示があるでしょう。しかし、それをそのまま受ける事は絶対にしてはいけません、相手の思うツボです。人事がからむ相手は、人員削減の期限を意識します。「いつまでに何人」退職同意書に署名させるか、の明確な目標を持って交渉して来ます。

退職勧奨を受けた後は、交渉です。相手に労力時間を使わせましょう。少しでもあなたが有利な条件で退職できるよう、最初に提示された条件を飲む「泣き寝入り」は絶対にしてはいけません。

③ **家族友人知人には相談する**

一人で抱え込んでは絶対にいけません。あなたの味方である家族や友人、知人に相談しましょう。知己に弁護士の人がいればその人に相談するのも良し。肩たたきを受けたあ

なたは多かれ少なかれ動揺し視野狭窄に陥っています。結論を急がず、いろんな人に相談し、よく寝てよく考えましょう。

プライドはかなぐり捨てなければなりません。家族に切り出しにくい人もいるでしょう。動揺した家族が取り乱す事もあるでしょう。しかし、別項で書いた通り今や失業は「当たり前」の事です。

④ **その組織に残る事は考えない**

弁護士を立てて徹底的に争う、などという考えは捨てましょう。よく考えて下さい。それでもしあなたが勝って、今の組織で前向きに楽しく仕事ができるでしょうか。あなたを追い出そうとした組織で。

それに、争ってもあなたはまず勝てません。断言します、争うだけ無駄です。「その組織に残る」事を目指して争うのではなく、「退職勧奨は受ける、しかしできるだけ有利な条件を手にする」ために争いましょう。どんな条件か、は次の項に書きます。

⑤ **事実・データで交渉する**

例えばこんなデータがあったとしましょう。「○歳の人が失業して次の仕事を見つけるまでの平均期間は○か月」、僕が最初に失業した時の当時の年齢にあてはめると、確か７か月程度だったと思います。その７か月にかかる生活費vs会社が提示した割増退職金を比較して前者が圧倒的に

大きい場合、僕なら相手の目を逸らさずに見つめ、「退職金の○円上積みを要求します」とキッパリ言います。

本件に限りませんが、交渉で大切な事は、落ち着いてゆっくり話し、その落ち着きで相手に威圧感を与える事。「コイツ、動揺しないのか？」という表情を相手がすればしめたものです。

以上が肩たたきに合った場合の交渉術ですが、概念的な部分はすべての交渉でも使えます。二度の退職勧奨を経て、相手にとって僕もさぞかし厄介な交渉相手になった事でしょう。あなたが次に得る新しい職場でも、社内外で交渉する場面がきっとあるでしょう。そこに是非役立てて下さい。

2-1-3 こんな条件は引き出せる

不幸にして肩たたきに、退職勧奨に合いました。前項に書いた通り、その組織にあなたが残る目はもはやありません。

但し、泣き寝入りは絶対にいけません。「組織から出て行く」という相手が最も欲しい結果を与えるのですから、他は搾り取れるだけ搾り取りましょう。以下はその条件例ですが、いずれも会社という大きな組織からすれば、蚊に刺された程度の痛みです。

① **退職条件は「会社都合」にする**

この本を手にされた方なら説明の必要はないかも知れませ

んが、念のため書きます。

退職には「自己都合」と「会社都合」があります。肩たたき・退職勧奨は「会社が従業員に"辞めて"と頼む」もの、つまりは会社都合です。従業員の「自己都合」ではありません、絶対に。

この両者は失業給付の条件に大きな差があります、「会社都合」の方があなたにとってずっと有利です。後に会社が発行する"離職票"に記載する"退職理由"には、必ず「会社都合」と書かせる。ここは死守しましょう。

② **求職活動時間は「出勤扱い」にする**

いつをもって退職とするか。これも大きなポイントです。次の仕事がすぐに見つかれば良いでしょうが、大抵なかなかそうも行きません。求職活動は生易しいものではありません。

その"求職活動時間"を今の組織で働いている扱いにさせる。中小企業ではなかなか難しい事は承知しますが、今いる会社を"辞めてやる"のだから、これくらいの譲歩はしてもらって当然、そんな表情で会社と交渉しましょう。

③ **「再就職支援会社」のサービスは断り、その料金を割増退職金に上乗せさせる**

3-1-5項でも書きましたが、「再就職支援会社」はあなたの味方ではありません。提供するサービスはお粗末極まりなく、これなら次の職を斡旋するエージェント・ヘッドハ

ンターがその類のサービス（職務経歴書の書き方指導、面接練習など）を無償で提供してくれます。

「次の仕事を見つけるためにお手伝いしますよ」と親切心の仮面をかぶって会社はこれを提示しますが、「そのサービス代金をいただきます」と、きっぱり伝えましょう。

問題は、これが「いくら」なのか。会社に聞いても「それは秘密」と言うのが関の山でしょう。僕が見るところ、30〜50万円です。

④　不法な書面には絶対に署名しない

あなたが現社で築いたネットワークを他社に持ち出されて困る会社。しかし、異業種への転職を目指すなら兎も角、同業種でやり直そうとするあなたにとってこのネットワークは命ともいえる頼みの綱でしょう。新しい組織でゼロからネットワークを構築して仕事で成果を出せるほど世の中甘くないのも事実。

この「ネットワークを転職先で使うな」の類の秘密情報契約書への署名を求められるでしょうが、応じる必要はまったくありません。何を言われてもきっぱり断りましょう。

あなたの職業人生はこれからも続きます。仮に別の組織に転職するのではなく起業する、というケースもあるかも知れませんが、それであってもこれまで懸命に仕事して築いたあなたのネットワークを生かす場面が必ずこの先あります。あなたがどんな組織にいようが、あなたと仕事をしたい人は必ずいるので

す。自信を持ちましょう。

振り返り見つめ直す

2-2-1　振り返る 時間をかけてゆっくりと

あなたは仕事を失いました。不幸な事ですが、現実です。
こんな状況でまずすべき事、それは「振り返る」事ではないで
しょうか。

用意するものは紙と筆記用具。何から書き始めても構いません。
いつの事から書いてもいいでしょう。仕事と関係がなさそうな
事でも、家庭での事でもいいと思います。これまでの出来事を
書き出せるだけ書き出しましょう。ルールは何にもありません。
一つだけ僕からお願いしたいのは、「たくさん時間をかけて下
さい」という事です。無人島のような環境でできれば理想的で
す。とにかく他でもないあなたの人生を「振り返り」ましょう。

- ☑ 会社で孤立しているＡさんに声をかけて食事に誘った事
  がきっかけでＡさんが元気になり、感謝された
- ☑ Ｂ課長が僕の大失敗をなじった、その時に自分はこうリア
  クションした
- ☑ 他部署のＣ部長にプレゼンテーションがわかりやすい、と

褒められた

こんな文章でも良いでしょうし、図でもマインドマップでも良いです。
なぜこれをするのでしょう。「あなたの強みを見つける」ためです。
もしあなたが日記やブログをつけていたら、それを見返すのも大変有用でしょう。仕事のメールやノートを読み返す事も有効です。たくさん書けば書くほど良いでしょう。書けば思い出します。記憶が蘇ります。良い思い出も嫌な記憶もあるでしょう。ここで書いた事が、後のステップ・プロセスで必ず役に立ちます。

この「振り返る」過程であなたに持って欲しい気持ちはこうです。
あなたはこれから「天職」を掴みます。だから仕事を失ったのはチャンスです。

もう一度言います、チャンスです。

2-2-2　過去と決別する 過ぎた事は変えられない

「振り返り」は十分にできたでしょうか。
十分にできたと思い、一晩寝たら、振り返った「過去と決別」しましょう。

① 前だけを見ましょう。
② 話す文書は現在形・未来形にしましょう。
③ 自分を主語にして話しましょう。

鏡の前に立って自分の姿をよく見ましょう。鏡は大きいもの、できれば全身が映るものが良いでしょう。ここで自分を見つめ直します。

顔にしわはありますか、ありますね。苦労の証です、よく頑張りましたね。

怒った顔、怖い顔をしていませんか。

鏡の中の自分を見て、「この人と友達になりたい」と思える姿をしていますか。

ここでも「自分を主語」にして考え、見つめ直しましょう。

あなたが本当にやりたい事は何ですか。

自分が得意だと思っている事は何ですか。

どんな褒め言葉を周りの人からかけてもらいましたか。

最も達成感を得た仕事は何でしたか。

「私はこれなら誰にも負けない」ものは何ですか。

目を閉じて考えるのも良いでしょう。

深呼吸も有効でしょう。

徹底的に自分と向き合い、ここでも思いついた事を書き出しましょう。

とは言ってもなかなか難しいですね。ラッキーにも見つけた僕の打開策はこれです。

ぼーっとする。

但し酒は控えましょう。アルコールはしばしば理性的な判断を妨げます。

毎日忙しく働き時には休日出勤をし、たまの休日は家族にせがまれて外出を余儀なくされ、あまり休まらない心身。意外にぼーっとする時間はなかった、そんな方も多いのではないでしょうか。

一人旅もいいものです。宿泊する時間やお金の余裕がなければ、日帰りで静かな公園や美術館に行くのも良し。心穏やかにしてみましょう。感性が研ぎ澄まされます。新しい自分に気がつきます。

2-2-3　自分はどうなりたいのかを
　　　　トコトン考える あなたの深層心理は？

キーワードは、「トコトン」です。

○○みたいな仕事は二度としたくない

○○はもういやだ

○○の呪縛からは逃れる

……

ではなくて、

前向き建設的具体的な言葉に表しましょう。

☑　△△さんに褒めていただいた、プレゼンテーションの機会

で自己実現できる仕事に就く

☑　自分の長所を引き出してくれそうな上司のいる組織会社に、
　　面接を通じて探し採用される

☑　前職で身につけた貿易実務の知識で業績向上に貢献できる
　　ポジションを見つける

……という具合です。

これまであなたは、自分を見つめ直しました。信頼できる他人
の目から客観的な評価も受けました。自分の得意不得意がわ
かった事でしょう。その分析を、次の仕事ポジションに生かし
ましょう。どうすればその仕事ポジションを見つけられるか、
を是非「トコトン」考えていただきたいのです。

いったん職を失ったあなた、悲しいかなこれは事実です。自分
の与り知らない事情があったとはいえ、やっぱりどこかにミス
マッチがあったはずです。

次の仕事はそのミスマッチの確率を最小限にしましょう。その
ためには、自分がどうなりたいのかをトコトン考え、それを書
き出し、それに叶ったポジションに巡り合う事です。

意外と見落とされがちな事が、主語「自分は」です。

☑　月給は最低○円欲しい

☑　ある程度名の通った会社が良い

☑　休日出勤や残業が常態化していない組織が良い

こんな条件が思い浮かぶかも知れませんが、これらは「自分が

どうなりたいか」と本当にリンクしていますか？　配偶者や
パートナーとの相談抜きに新しい職探しはできないものですが、
その人たちの考えに支配され過ぎるのは考えものです。上述の
例文の主語は、それぞれ“月給”“知名度”“組織”であり、“自
分”ではありません。

2-2-4　棚卸をする 友人知人親戚先輩後輩 利害関係者、皆あなたのリソースです

これまでにして来た「振り返る」「自分を見つめ直す」とよく
似ていますが、「あなたのリソースは何があるか」棚卸をして
みましょう。失業した事はいったん脇に置き、あなたという人
間がお世話になった人、逆にお世話した人、友人知人親戚先輩
後輩その他利害関係者…………
例えばこんな事です。

- ☑　Aさんとは出身高校が同じ
- ☑　Bさんとは同級生で出身県が同じ
- ☑　同窓会で会ったC先輩は同じ業界で働いている事を知った
- ☑　大学の恩師D先生のお嬢さんが、僕の入りたいE社人事
  部にいる、と仰っていた

能力の棚卸もしましょう。

- ☑ 3年前に営業成績優秀で事業部表彰を受けた
- ☑ 一昨年の業績ボーナスの個人査定は、上位30％に入るA ランクだった
- ☑ TOEICのスコアを入社後12年で200点以上伸ばした
- ☑ 「〇〇さんの話し方は安心して聞いていられるね」と取引 先F社の部長に褒めていただいた
- ☑ 営業所員20名を前に話した初めての業務紹介プレゼン テーションで、5人の人から「良かった」「わかりやすかっ た」と褒めてもらえた

ここでも徹底的に書き出しましょう。昔の仕事のノートや書類・Eメールを片っ端からなめるように見ます。どうですか、1年前の事をすっかり忘れているでしょう。人間の記憶なんてそんなものです。上書きされると昔の記憶がどんどん奥にしまい込まれる。埃をかぶった「良い」リソースを引き出して、再度使える状態にする（人だったら連絡する）・思い出す（事実なら書き出す）事をしてみましょう。

「僕は叱られてばかりで、褒められた事などほとんどない」そんな自己評価の低い人もいるかも知れません。そんな方でも、脳みそを思い切り絞る、といった感覚で思い出してみて下さい。書き出しておくと自分と思わぬ人がつながる事があります。

2-2-5　あなたの人間関係相関図を作る
　　　　　見えて来るあなたの"嗜好"

前項「棚卸をする」に似ていますが、これからの職探しで、更にその先、職が決まった後も間違いなく役に立つのが、「あなたの人間関係相関図」です。

たくさんの人と接すれば接するほど僕が感じるのは、「人間は本当に千差万別、話してみないとわからない」という至極当たり前の事です。
名刺やアルバム、日記や思い出、時にはSNSなどのネットワークを総動員して、「あなたの人間関係相関図」を作りましょう。そして、ここで大切なのは、「あなたが好きな人にこだわらない」事です。

なぜ僕はこう考えたか。体験をお話ししましょう。
僕は趣味と実益を兼ねてトーストマスターズというスピーチサークルに入っています。トーストマスターズにはスピーチの優劣を競うコンテストが毎年あり、2016年春のスピーチコンテストで、自分のクラブ、エリアコンテスト（県大会レベル）と勝ち上がり、ディビジョンコンテスト（関東大会レベル）に進出しました。ここで話す7分のスピーチを良いものにするため、自分のあらゆるネットワークを使ってスピーチのリハーサルをしたり、フィードバックをもらい、発音チェック（英語スピーチだったので）をしていただいたり、という事をしました。

そこで思った事。「この人が？」と思う意外な味方協力者が何人も現れました。一生懸命になっている僕を好きになってくれ、応援したいと思ってくれたのでしょう。

強調したいのは、その人たちが皆「僕が好きな人」ではなく、「僕はそれほど好きではない人」「ちょっと怖い人」「ウマが合いそうでないと思っていた人」だった事です。自分の相手に対する思いのベクトルよりも、相手が自分を思うベクトルの方がずっと強かったのですね。これは、僕が積極的に動いて働きかけなければ、決して気づかなかった事です。それ以来、この味方協力者の事が僕は大好きになりました。

あなたの「人間関係相関図」もきっとそうです。たとえて言うなら、あなたが失業した事を告白連絡したら、粉骨砕身お手伝いしてくれる思わぬ人が現れるかも知れない。

但し、自分が動く事、自分から働きかける事が必要条件です。果報は寝ていても来ません。

これをする事により見えて来るのが、あなたの"嗜好"、つまりは好き嫌いです。書き出してみて、笑顔が浮かぶ人、しかめっ面が浮かぶ人、褒めてくれる人、説教めいた事ばかり言う人、いろいろ頭に浮かぶでしょう。1枚の紙に書き出してみて、真っ先に頭に浮かぶあなたの「好きな人」に共通する資質は何でしょうか。"優しさ"かも知れませんし、"耳の痛い事を指摘してくれる"そんな事かも知れません。

気がついたでしょうか。その資質はあなたがすでに持ち合わせているものなのです。

2-2-6　深〜く考える 一人旅をしてみませんか？

自分は十分考える事ができている、そんな方はこの項を読み飛ばして下さって結構です。

この項を書いた目的の半分は、自分に対する戒めです。

情報が氾濫するこの時代、人間の考える力が全体的に衰えている、と感じます。自分を含めて。

求職活動は、日々新しい体験の連続です。人生最大の試練、かも知れません。前例はないのです、横並びでもうまく行かないのです、ましてや事なかれで考えていたら、未来永劫新しい仕事には巡り合えません。考えて考えて考え抜いた人だけが、転職を、天職を手にできるのです。

実はこの本に書かれている事すべてが「考える」事に他ならないのですが、あえてこの項目を独立させたのには訳があります。初めて本を書く立場になった僕が、社会に問題提起したいからでもあります。

繰り返しますが、人間の考える力は衰えている、と感じます。それは、すべての利便性を高めたITとトレードオフ、な気がしてなりません。

深〜く考えるにはどうしたら良いでしょうか。

答えは人それぞれでしょう。著者の特権として、僕の答えを書きます。それは、

☑ 一人旅をする

です。

旅のお供に良いと思うものは、本、静寂、遠くまで見渡せる景色。

ない方が良いと思うものは、スマホ、PC、テレビ、音楽、時計。

この項は、著者の戯言、と捕えていただいて結構です。

旅をするお金時間がなければ、休日に数時間の疑似体験でもOK、探せばどこにでもあるでしょう。

リラックスして、深呼吸をして、そして目を閉じて。

深〜く考える事で、あなたは新しいあなたに出会える。そう確信しています。

新しい習慣・考え方・
コミュニケーションで
生まれ変わる

2-3-1　失業を家族友人知人に宣言する
"I am now between the jobs."
と言っていた外国人

失業を宣言するのは、勇気の要る事です。しかし、これをするのとしないのとでは、メンタル面で結果に雲泥の差が出る事は私が保証します。

あるコミュニティで知り合った外国人に、「どんな仕事をしているの？」と尋ねて返ってきた答えに、驚き、そして感心した事があります。

「I am now between the jobs.」「前の仕事と次の仕事の間だよ」とでもいうニュアンスでしょうか。日本語ではこれを「失業」と表現します。

彼は終始笑顔でした。

考えてみましょう。

「今、自分は失業中」「仕事がない」と考える職探しと、

「仕事と仕事の間」「次の仕事」と考える職探し。

どちらがうまくいくでしょう。

あなたが面接官なら、どちらの候補者を採用したいですか。

こんな例もあります。

失業した事を家族には話したが、世間体を気にした妻から「あなたが家に居ると近所に示しがつかないから、失業した事は隠して働いていた頃と同じように背広を着て朝7時には出掛けて夜8時までは家に帰って来ないで」と言われ、毎日行く当てもなく外出する。一家の大黒柱であるご主人のプライドはズタズタです。このような事を言われてそれを受け止めて、前向き積極的に職探しができるでしょうか。妻に対する恨みの念も芽生えるでしょう。

堂々としましょう。妻からこのような事を言われたら、「アドバイスありがとう。けれど僕は……」と笑顔で断れば良いのです。

では、なぜ家族友人知人に失業した事を宣言するのが良いのでしょうか。それは、「新しい仕事を紹介してもらえる確率が圧倒的に高くなる」からです。考えてもみて下さい。あなたが転職サイトに登録して探す幾多の仕事と、あなたの性格や得意な事をよく知る家族友人知人が心配して、紹介してくれるであろう仕事。しかも後者はあなたの知らないところで根回しが進んでいるかも知れない。いえ、ひょっとして「あなたなら是非欲しい」と言われるポジションかも知れない。どちらが"天職"に出会える可能性が高いでしょう。

何度でも言います。失業は今やあたり前の事です。あなたに後ろ指を指す人には、「前の仕事と次の仕事の間だよ」「いずれ独立するからちょうどいいんですよ」と言って余裕をかましましょう。それがハッタリでも、言い続けていればそれが潜在意

識に落とし込まれます。

失業は家族友人知人に宣言しましょう。

2-3-2　自分を褒める
　　　　あなたはかけがえのない存在
　　　　手軽な方法は身近な人への "ありがとう"

自分を見つめ直した後は、褒めましょう。我々日本人が欧米人に比べて苦手なところです。

思い出してみて下さい。

☑　あなたは最近誰かを褒めましたか
☑　あなたは最近どんな風に褒められましたか

すぐに思い出せない、「褒めた事も褒められた事もない」という人もいらっしゃるでしょう。

西洋かぶれで何でもかんでも欧米人を見習うべきではありませんが、「褒める」という点において彼らはとても達者です。自然にしている、と言った方が良いかも知れません。

例をあげましょう、僕の体験です。アメリカで同僚とレストランに行きました。

メニューを見て、「どれにしようかな〜」などと考えて迷った末に決めて注文します。「フィレミニヨンステーキ、焼き方はミディアムレアで」。こんな時同席する欧米人はたいていこう

言ってくれます。

「That's a good choice！」

良い選択だ、と。

僕はこう言われた事は何度もありますが、「ここの肉は質が悪いからウェルダンにした方がいいぞ」「悪い選択だ」「ロブスターにした方が良いよ」などと言われた事は一度もありません。ましてや、初めて訪れた土地でどんな食べ物がおいしいかわからない時、同僚や友人に「おススメのメニューは何？」と聞くとアドバイスをくれますが、そのおススメが好みでなくそれ以外のメニューを頼んでもその人たちはたいていこう言ってくれます。

「That's a good choice！」

とにかく褒めます。

まわりくどくなりました。なぜこのエピソードを持ち出したのでしょうか。それは、「自分を褒めてもらうと他人を褒めやすくなる」からです。自尊心が高くなる、と言い換えてもいいかも知れません。

自分を褒める事は、その習慣がない人にはとても難しい事です。でも、徹底的にやってみて下さい。できるまでやって下さい。できるようになります。自転車に乗るように簡単なものです。そうすると自分の強みが見つかります、周りの人が見つけてくれる、と言った方が正しいかも知れません。自信がつきます。その強みを、天職を見つけるための職務経歴書に書き、面

接でアピールします。
「どうせ私なんて……」「だって俺は何の取り柄もないし……」
と考えるのは今この瞬間終わりにしましょう。

……と書いても、それでもできない人がたくさんいらっしゃる
でしょう。そりゃ、そうです。この僕だってそうでしたから。

このステップは絶対にスキップしていただきたくない。徹底的
に自分を褒めて欲しい。そのために僕が考えた方法、それは身
近な人に「ありがとう」と言う事です。

周りに感謝すると心が穏やかになります。笑顔になれます。す
ると良い振り返りができます。

- ☑ 上司から「〇〇さん、君が教えてくれたデータ、とても助
  かったよ」と言われた
- ☑ 3年間病欠ゼロだった
- ☑ 大事なお得意様から感謝のメールをいただいた

何でも良い、あなたの成果を自分で褒めてあげて下さい。

2-3-3　人と話す 前を向け！！

「振り返る」「自分を見つめ直す」「自分を褒める」
慣れない事をしましたね、お疲れ様でした。徹底的に自分と向

き合ってみていかがでしたか。自己嫌悪に陥った、嫌な事を思い出した、意外に自分が好きになった、いろんな振り返りがあるでしょう。

ここで一歩踏み出してしていただきたい事、それは「人と話す」です。昔の友人、恩師、取引先、趣味の友人、親兄弟親戚。

失業した事は告白します。隠してもうまく行きません。もういっぺん言います。隠してもうまく行きません。なぜ隠すと良くないのでしょう？　自分を卑下して卑屈になるからです。隠す、という事は後ろめたい事です。できればそうあって欲しくない、という事です。その心持ちがあると、どうしても「不貞腐れ」ます。やけっぱちになります。
僕は失業者に、あなたに「前を向いて欲しい」のです。
できれば堂々と失業した事を人に白状するといいでしょう。そう、堂々としていていいのです。威張る必要はありませんが、あなたは何か悪い事をしたでしょうか。していませんね、ならば普通に振る舞いましょう。自分を卑下する必要など何一つありません。

「人と話す」事の効用は計り知れません。僕の考えるところ、以下のメリットがあります。

☑ 新しいアイデアが湧く・忘れていた事を思い出せる。良い事も悪い事もあるでしょう。自分では何気なく発した一言

が、相手の心にはグサリと刺さって心の傷になっていた事がわかったり、逆に相手にすごく喜ばれていた事が今になってわかったり。「私、そんな事したっけ？」「僕、そんな事言ったっけ？」が多ければ多いほど効用が大きかった、と言えるでしょう。

☑ 自分で気がつきにくい長所・短所を指摘してもらえる。世の中に同じ人は二人いないので、人との会話などコミュニケーションで気がつく良い点悪い点はたくさんあります。それを忌憚なく話してもらいましょう。なので利害関係のない人が理想的です。

☑ 転職面接の練習になる。これから探す新しい仕事、その過程で必ず面接があります。面接は人と話す事です。言葉のキャッチボールです、駆け引きです。仕事を失うと気分が落ち込む事が多く毎日決まった「人と話す」場に行く事がなくなるので、会話の機会が減ります。減ればそれだけ感覚が鈍ります、下手になります。新しく見つける仕事も結局のところ新しい環境で「人と話す」事です。面接のスキルを錆びつかせないよう、人には積極的に会い、そして話しましょう。

2-3-4 電話する 鍛えられる面接スキル

前項で書いた「人と話す」のは、実現するのが困難な場合があ

ります。

☑　物理的に離れている
☑　時差がある

などはごくごく普通の理由ですが、世の中にはこのような理由
がなくても、隣にいる人に話しかけずメールなどの手段でコ
ミュニケーションする人がいます。

「人と話す」のができない時、是非電話をして下さい。Skype
でももちろん良いです、「言葉のキャッチボール」をするので
す。

メールは無視する事もできますし、考えてから落ち着いてどう
返信するかを決める事もできますが、突然かかってきた電話で
はそうもいきません。転職からは離れますが、難しい仕事をす
ればするほど、"タフネゴシエーター"と呼ばれる人はメール
など記録が残るものよりも思考の瞬発力が要求される電話を多
用しますし、多用すればするほどますます鍛えられて能力を磨
いている、と感じます。

不意を突いた電話を受けてしどろもどろになった経験は誰にで
もあるでしょう。電話を切ってから「あぁ、こう話せば良かっ
た」と思っても後の祭りです。

将来人工知能（AI）がどこまで我々人間の仕事を奪うか、は
よく話題になりますが、「思考の瞬発力」を要求される仕事が
最後の砦になる、と僕は予想しています。ならば、人工知能で

はできない、人間にしかできない仕事が我々知識人のなすべき領域。直接会って「人と話す」事が叶わなければ、次なる手段は電話です。

この先控える面接のスキルを磨く有効な手段は「話す」事です。錆びつかせてはなりません、毎日磨き続けましょう。毎日人と話しましょう。毎日誰かと電話で話しましょう。

2-3-5　しない事を決める
　　　　あなたの"麻薬"と決別しましょう

やめたいのにやめられない"麻薬"、あなたにもありませんか。代表的なのはタバコなどでしょう。

いくら堂々としようと心がけても、強いメンタルを持っていても、新しい仕事が見つかるまで精神的にはしんどいものです。これを乗り越えるために私が1社目の退職勧奨後の職探し時に決心して結果正解だったと確信している事、それは「しない事を決める」です。しんどい精神状態が「これをするとぐちゃぐちゃになりそうだ」というもの。老若男女属性が違えば様々でしょう。

ここから先は当時44歳だった中年男、つまり私の事例です。すべての人にあてはまるわけではありませんので、自分に置き換えて考えてみて下さい。当時私が「しない」と決めた事は以下の3つです。

① **趣味**　これは賛否両論あるでしょう。精神的に辛い職探しの時ほど気晴らしになる趣味が必要だとの意見も説得力があります。私の場合これは「乗馬」でした。都会の乗馬クラブは非常に高価なブルジョアのスポーツですが、宇都宮市に住んでいる私が通っていたのは、月会費わずか9,000円プラス1回（約40分）の騎乗料1,000円の、スポーツクラブ並みの格安クラブでした。とはいえ心身共に健康な状態で初めて楽しめる趣味、心に負い目がある状態ではとても楽しめない気がして足が遠のきました。

② **SNS**　当時はmixi、今ならFacebook。基本ポジティブな事しか書かないのが良識ある大人のルールですが、何を書いてもネガティブになりそうなので、そしてそんな事をする暇があったら次の仕事を探すべき（ネットでの職探しは365日24時間できます）だとの考えから、アップする頻度が激減しました（ゼロにはできませんでした）。

③ **酒**　アルコールが入ると○○上戸になる一緒に飲みたくない人、いますよね。○○に当てはまる迷惑なのは、叱り、からみ、説教、脱ぎなどなど……。自分も飲んで我を失う事が怖かったので、できるだけ控えようと心に決めました（これもゼロにはできませんでした）。

他に考えられるのは、喫煙、ギャンブル、報酬を払って異性と楽しい時間を過ごすところに行く、などでしょうか。まぁ僕

だって（この先はご想像にお任せします）……。

「しない事を決める」事により、「これまでしていた事をしていない自分は自分をコントロールできているのだ」との自尊心が生まれます、前向きになれます。メンタル面が大きな職探しでこの側面は非常に大きい、と確信します。

余談ですが、この考えの延長で僕は仕事をしている今でも「しない」と決めている事がいくつかあります。飛行機内の飲酒（太るから）、他人の陰口悪口を言う（自分に返って来るから）、他者からの挑発的な発言に対する子供っぽい反応（そうしても後にロクな事がないから）、PCスマホを見ながらの日付をまたいでの夜更かし（睡眠の妨げになるから）、暴飲暴食（理由は必要ないですね……）、何と言っても「したくない事」が代表例です。仙人ではありませんのでいずれもゼロにはできませんが、一度「しない」と決めると割とすんなり実行できるものです。

2-3-6　使わない言葉を決める①
メンタルをプロフェッショナルにする

「しない事を決める」と似ているもう一つのけじめ、「使わない言葉を決める」も、僕が実行しているお勧めの"けじめ"です。

良く言われる"3D"「どうせ」「だって」「でも」に加えて、「とりあえず」「〜したいと思います」

巷にあるたくさんの本にもこの項目はありますが、「では、何

と言えば良いのか」が書かれていないものが多いようです。常に前向き建設的なこの僕の本では、そこはきちんと書きます。

「どうせあの人は返事寄越さないよ」→「もういっぺんあの人にメール・電話します」

「だってＡが無理難題を押しつけるから」→「この無理難題の他の解決方法がないかＡと相談します」

「でも、僕頑張っていますよ」→「これからも頑張ります」

「とりあえず着手します」→「着手します」

「〜したいと思います」→「やります」

最後の「〜したいと思います」という言い方に、僕はこだわりがあります。絶対に使いません。

なぜなら、

Ａ「したいと思います」

Ｂ「したいです」

Ｃ「します」

Ｄ「やります」

どの言い方をする人が、責任ある信頼できる人に見えますか。「やります」と言えば良いものを、わざわざ婉曲的間接的な「したいと思います」などと言い、僕は「思うだけですか？」と切りかえされた事があります。しかも、「したい」のであって、「する」と約束してないじゃん、と突っ込みを入れたくなる。

やりたくない事なら嫌だと言えば良いだけの話。「やります」と言い切りましょう。こういう言葉遣いができる人は、僕の見るところ１％程度しかいないので、これができれば他の99％

の人から頭ひとつ抜け出せます。

こうする事の効用は、"メンタルがプロフェッショナルになる"事です。仕事や取り組んでいる事に対する経験は無関係、それに対する心がけです。

"プロフェッショナル"とは、案件にコミットしオーナーシップを持って全力で立ち向かう、そんな人の事だと僕は思います。

2-3-7　使わない言葉を決める②
　　　　英語に訳せない言葉は使わない

この項では、外資系で仕事をする前提で、英語を意識して「使わない"日本語"の言葉を決める」僕が意識している事を紹介します。

考え方はいたって簡単、「英語に訳せない日本語は使わない」です。

代表的なのは、

- ☑　よろしくお願いします
- ☑　お疲れ様です

の2つでしょう。

「私は日本の顧客と対する時と外国人と接する時で使う言葉を分ける」という器用な人は、この項は読み飛ばしていただいて結構です。ただ僕はそこまで器用でなく裏表がないので、「英

語に訳せない日本語は使わない」を意識しています。ではどう言い換えるか。

「よろしくお願いします」と言うのは、どんな場面が多いでしょう。例えばお客様や社内別部署に人に何か仕事を頼んだ時。こんな時は「○○さん、△△を××までに返信下さい」と言い換えます。「言った言わない」の争いを防ぐため、記録を残す事も求められるでしょう。その場合の手段は、断然Eメールが多いのではないでしょうか。上述の言い換えは、Eメールでこそより有効、と確信しています。英語なら、頼みごとをしたメールの最後には、

Your kind understanding and earliest possible reply will be greatly appreciated.

とでも締めくくるでしょう。平たく訳すと「この仕事、早くやってね」という事です。

相手の事をいたわる、慮るのが日本の良い文化、それが昂じて使われる言葉の代表がここに挙げた２つ、なのかも知れません。しかし、外資というところは結果がすべて、プロセスは二の次。達成する目的ありき、です。ならば、自身の業務範疇でリーダーシップを発揮し、周りを巻き込んで結果を出すために、婉曲な表現をしていたら相手にされません。自分の主張ははっきり明確に表明すべきなのです。

その意識で仕事をしていると、「英語に訳せない日本語は使わない」マインドセットに自然になります。

2-3-8　明確な言葉を話す
求められた結果を出すために

繰り返しますが、企業、特に外資系は「求められた結果を出す」場所です。営業の場合、多くは売上や利益目標です。

そんな文化で、留学経験もないこの僕が生き永らえている秘訣だと密かに思っている、もう一つの心構えを紹介します。「明確な言葉を話す」です。

日本語は曖昧な言葉です。主語や目的語がよく省略され、話す人と聞く人でそれらが共有できていれば良いのですが、稀にそうではない場合、コミュニケーションの齟齬が起きます。僕の経験上、明確な言語である英語では、これはまずあり得ません。具体例を挙げましょう。「イギリスからの荷物が木曜に届きます」とある商社マンが言ったとしましょう。これが客先へ直送されるドロップシッピングだった場合、木曜に荷物を受け取らなかった顧客は苦情を言うでしょう。これを聞いた商社マンが「木曜に成田空港に着いて通関に1日かかり、お客様先への配達は金曜になります」と言い直したところで、彼の信用はガタ落ちでしょう。

こんな情けない事が起きないようにするコツはいたって簡単、「いつでも5W1Hを意識して話す、書く」です。

「午後3時のアポイントだと思ってお客様の所に行ったら、"13時と言った"そうで門前払いされた」

「大阪の客先を訪問したら、その人は3か月前に東京郊外の新しい事業所に移っていて会えなかった」

これらは僕が実際に見た事がある他人の失態ですが、このようなケースでも「5W1H」を意識して確認のメールを送れば、たぶん避けられた事態でしょう。

あなたが上司に何かを提案して、「それはいつまでに必要？」「誰に送る？」などとすぐに聞かれるようでは、外資系でのコミュニケーション力不足です。忙しい上役に考える材料を提供するには明確に話す（書く）事が求められますし、これは社内外誰が相手でも同じです。

日本語は曖昧な言葉です。しばしば主語が省略されます。しかし英語はそうではありません。英語は明確な言語、背景にあるのも明確な文化です。

オフィスの情報交換は、デートで恋人と感情的に話すように、では覚束ないですね。

2-3-9　発散する　汗をかいて「戦う」意志を磨く

「しない事を決める」と同様に大切だと思うのが、「発散する」事です。

職探しからは離れますが、皆さん、仕事の事プライベートな事で「良いアイデア」がふと浮かぶのはどんな時でしょうか。

僕は自分の経験、そして信頼できる複数の友人の経験から、この問いに対する回答は「リラックスしている時」と断言できます。

僕の場合具体的には「走っている時」「お風呂で湯船に浸かっ

ている時」、ある友人は「森林浴をしている時」、別の友人は
「ズンバをしている時」、こんな具合です。残念ながら会社や書
斎で良いアイデアが浮かぶ事はまずありません。困った事に、
お風呂や走っている時はメモを取れないので、最近は自分の声
を録音するICレコーダーを肌身離さず持ち歩くようになりま
した。

職探しは人生でそうそうしょっちゅうする経験ではありません。
しんどいものです。そんな時は発散しましょう。方法は……人
それぞれだと思うので皆さんにお任せします。

前項の「しない事」で挙げた運動も良いでしょうし、大声で歌
うカラオケ、気の置けない友人とのお喋り（酒量は……やはり
ほどほどにしましょう）、ドライブ、小旅行……何でもありで
す。自分に合った方法を見つけましょう。

☑　発散すると、新たな活力が湧きます
☑　発散すると、新たなアイデアが浮かびます
☑　発散すると、良く眠れます

この項目を執筆していて思うのは、欧米人のワークライフ・バ
ランスに対する執着心とも呼べる強い意識です。家族や気の置
けない友人と過ごす時間（"Quality Time"と呼びます）を大
切にし、無駄なサービス残業はせず会社や仕事の奴隷には決し
てならない。発散する事でより良い仕事ができる事に確信を
持っています。僕も最近そう思うようになりました。

発散しましょう。ステップアップした自分を想像して。

発散する方法が見つからない、そんな人がいるかも知れません。
おススメしたい方法は、

☑ 遠くを見る

です。幸い僕は地方都市宇都宮に住んでいるので、5分もラン
ニングすれば高い建物が全然ない、数km先まで見渡せるのど
かな田園風景に出会えます。都会に住む多くの人はこうも行か
ない、と反論されれば返す言葉もないのですが、意識して遠く
を見ると

☑ 目に優しい
☑ 顔が前を向く
☑ 姿勢が良くなる

そんな効果が見込めます。
発散しましょう。汗をかいて「戦う」意志を磨きましょう。

2-3-10 ルーティンを決める
毎日・毎週・毎月する事を決める

「しない事を決める」「使わない言葉を決める」の次はその逆、
「ルーティンを決める」です。
毎日する事、毎週する事、毎月する事を決めます。

なければないで結構です。

最も良くないのは「すると決めたのにしない」事。我々の脳の記憶機能はしている・言っている事は覚えていても主語を理解できないので、こんな悪癖がついてしまうと、自分との約束を守らない事が当たり前になり、その結果他人との約束も守らない、無責任で信用を得られない人になってしまいます。

なんて偉そうな事を書いておきながら、この原稿を書いている6月のある日。僕が年初に決めた、あるいは年の途中で加えた「毎日する事」つまりは自分との約束、毎日欠かさずできているのは3割くらいです。でも、毎朝起きて今日こそは、今日こそは、と自分を毎日奮い立たせています。

むやみにこれを増やす必要はありません。また、するのがしんどい事ばかりをリストアップして頑張り過ぎてしまうのも考えものです。

☑　寝る前に2分瞑想する

こんな事だけでもいいでしょう。
これをお勧めする理由は、「自分との約束を守ると自尊心が高まる」からです。
自尊心が高まると何事も自分主語で主体的能動的に物事を考えられるようになり、実は自分でコントロールできる事は極めて少ない求職活動を乗り切る精神力が養えます。

あなたが尊敬する人、好きな人に聞いてみて下さい。「毎○しているルーティンは何かありますか」と。

きっとあります、僕はそう確信します。

2-3-11　想像力を働かせる
　　　　脳の普段使わない場所を意識して使う

転職活動をしていると、どうしても仕事をしていた時よりも会話が減ってしまうため、どんなに意識していても人と話す力、相手と駆け引きする力が衰えます。それを補うために有効だと僕が思うのが、「想像力を働かせる」事です。これにより"脳の普段使わない場所を意識して使う"効用があるように思います。

麻雀や将棋・囲碁、モノポリーやバックギャモンなどの頭脳系ゲームはこれにピッタリなのですが、ITの進化でこういったものは廃れました。誰か相手を探す手間もかかります。が、もしこれらのチャンスがあれば、「想像力を働かせる」目的は十二分に果たせます。

想像力を働かせる。具体的にどうするか。相手の立場になって物事を考えてみる。「もし自分が○○だったらどうするか」と想像する。このようにして、思考の主体や方向性・スピードやペースを変えてみるのが有効です。これも相手が必要なので準備が必要ですが、ディベートや少人数の勉強会など双方向のコミュニケーションができる場も良いでしょう。「へぇ、そんな

風ふうに考えるのか」「そんな考え、全然思いつかなかった」などの感想が得られれば大成功でしょう。

どうしてこれが有効なのでしょう。これも面接でのコミュニケーション力をアップするからです。想像力を働かせると、（僕は専門家ではないので予想で書きますが）普段使わない頭脳の箇所（たぶん前頭葉）を駆使するため、疲れますが脳が鍛えられます。面接で、首尾よく得た新しい仕事の環境で出くわす思いもかけない質問に、瞬発力良く答えらえるようになります。

参考までに……想像力が鍛えられると、恋人や配偶者との関係も良くなる事を僕が保証？します。痴話喧嘩や夫婦喧嘩の原因は、つまるところ「どうしてあなたは（君は）私の（僕の）気持ちをわかってくれないの!?」です。想像力が豊かになると、「わかってくれる」事が増えて、円満な関係を築けるのですねぇ〜。って、夫婦仲の悪い僕が言っても……説得力に欠けますね。

2-3-12　ワーク・ライフ "バランス" はない
　　　　　プロフェッショナルもプライベートも
　　　　　すべてあなたの人生

ワーク・ライフ "バランス" という言葉があります。僕はこの言葉を聞くとどこか落ち着かないのです。

僕は労働にはいくつかの分け方があると思っていて、

☑ 定型業務と非定型業務
☑ 肉体労働と頭脳労働

などが代表的なものでしょう。この本を手に取って下さった方が目指すのは、非定型業務で頭脳労働、ではないか、と想像します。そのうえで、その仮定に立って以下の稿を書き進めます。

非定型業務、頭脳労働は一言で言うと「マニュアルがない、前例がない、正解がない」業務です。その時その時に与えられた条件から最適な「解」を自分で見つけ（勿論上司など利害関係者に相談する事はありますが）、そこから出た結果に自分自身が責任を持つ。仮にうまく行かなければ反省してその後の業務に生かす。初めて体験する仕事から学びを得て業務の幅を広げ、責任範疇や地位や報酬もそれに応じて増える。このPDCAを回して人間的に成長する。
コンプライアンスや倫理・法律に違反しない範囲で業務を進め、インプットに関係なく求められるアウトプットを出す、とも言い換えられます。「考え抜く」事が求められます。
こういう仕事で求められるのはあなた独自のアイデアです。前例主義横並び主義事なかれ主義の官僚的な考えではこの種の仕事はまず勤まらず、IQよりもEQが求められます。
業界の慣習やあたりまえの事を疑い（巷で良く言われるクリティカルシンキングです）、それを打破して革命的なイノベーションを起こす事がある種求められます。そうなるために必要なのは、質量とも幅の広い体験、その体験は多様性や特異性に

富んでいるほど良いでしょう。

もちろん勤め人であれば週5日8時間は仕事に没頭しなければなりません、それが会社と個人の業務契約というものです。しかしこの40時間ずっと仕事の事だけを考えるのは無理ですし、だいたい1日8時間も考え続けていたら頭脳はパンクします。仕事の最中にプライベートの用事を思い出す事もあれば、休日に登った山で仕事の良いアイデアが浮かぶのはごくごく自然な事です。

そう考えると、"ワーク"と"ライフ"はバランスを「取る」ものではなく、どちらもあなたの一部、混在するもの、だと思うのです。

生活するための報酬が必要だから仕事をする。これは動かし難い事実ですが、それが目的となっては良い仕事はできない、とつくづく思います。あなたという人間人格を"仕事"という舞台で自己表現する、その表現方法をワークはもちろんライフを通じて得た体験から幅を広げる。こう考えれば、"ワーク"と"ライフ"は表裏一体、と言えるでしょう。そのミックスがあなたの人格、あなたの人生です（もちろん私も）。

2-3-13　自分をいたわる 人生で"必ず"成功する

世の中、自分を大切にしない人が多い、もっと自分をいたわって欲しい。いろいろなところでしばしば僕が感じる事です。

この本になぜこれを書くか。それは、「特に失業した人にそれが多い」と思うからです。そう思ったきっかけは、1社目の離

職票を持って失業給付の手続きに行った、ハローワークでの光景です。

皆下を向き、一触即発の不機嫌な顔、顔、顔。挨拶も笑顔もこれっぽちもない。「これじゃあ、幸運（仕事）は呼び込めないだろうなぁ」と思わせる人の何と多い事か。これが僕の正直な感想でした。

これとよく似た雰囲気の場所は他にもあります。パチンコなどギャンブルをするところ、が代表的でしょうか。自分をいたわって欲しいなぁ、と思う人の代表的な言動所作は、話す主語が2人称3人称（1人称ではない）、煙草を吸う（体を痛めつけている）、目を合わさない、猫背などです。

自分をいたわっていると、幸運が転がり込む。そう思います。

自分をいたわっていると、他人にも親切になれる。そう信じます。

自分をいたわっていると、結局効率の良い人生が送れる。間違いないと思います。

偉そうな事を書いていますが、僕も40歳過ぎくらいまではこれができない人でした。 その後の求職転職などの体験（苦労、と言って下さる方もいます）を通じて少しはこれが身につきました。

自分をいたわっていると、何が大切なのかがよくわかります。大切でない事を人は自然に遠ざけます。

自分をいたわっていると、意識が自分に向きます。いつでも適

切な判断ができます。

自分をいたわっていると、そうしている人とそうでない人をすぐに見分けられます。相手もきっとそうです。

僕は無宗教ですが、ここに書いた事はきっと宗教的心理的によく言われる事なのでしょう。

貧しくても名誉はなくても、幸せに見える人は皆自分をいたわっています。歳をとって僕がよく思う事です。

自分をいたわりましょう。そして、人生で"必ず"成功する。幸せになる。そう決意しましょう。

「自分のミッションを決める」のも良い方法だと思います。

達成したいゴールを決めれば、あなたの行動には一貫性が生まれるでしょうし、行動がブレません。目標から逆算して物事を考えるので、迷う事も減るでしょう。

「上司をHappyにする」「自分の能力を最大限に発揮して組織に貢献する」などでもいいですし、いろいろ考えられるでしょう。

自分のミッションを持つ人は、筋が通っています。

2-3-14　好きな本の著者に会いに行く
出版記念講演会は格安の勉強会

「自分を見込んでくれる人の懐に飛び込む」とは正反対の考え、つまりあなたが読んでその本を気に入り、あなたが「見込ん

だ」人に会いに行く、という考え方です。

会いに行くチャンスがないような著名人なら別ですが、たいていの人は本の出版記念講演会などが開催されるものです。実はこれ、講演が一般的に高価な日本では格安でコストパフォーマンスがすごく良い勉強会なのです。

例えば、MBAの大学院。授業料は1時間あたり5,000円以上します。系統だった勉強会ではないものの、「あなたが気に入った本、あなたが会いたい著者」の出版記念講演会は、格安なものならその本の値段が参加費、少し高いものでも3,000円くらいのもの。講演会や勉強会って、講師がすべてですよね。あなたと相性の合わない講師の話は、いくら聞いても腹に落ちない。しかし、「好きな本」の著者なら、そんな心配は無用です。

講演会に出たら、講師の一番近くに座って、質疑応答では最初に質問しましょう。最初に、です。どうしてか、圧倒的にあなたが好きになった「著者」の印象に残るからです。

質問もせず講演会が終わって名刺交換にゾロゾロ並ぶ人が大勢いますが、著者はそんな人を覚えていると思いますか？　著者の立場になって考えてみましょう。話が終わって、質疑応答のセッション。「誰も質問してくれなかったら嫌だな～」と思っているところに、すかさず質問するあなた。強烈な印象を与えます。

2-3-15 「これは!」と思う誘いに乗る
自分と相手の思いの強さは千差万別

人間の相性って不思議で神秘的だな、と思います。

自分とすごく似ていて気が合うと思ったＡさんが、やはり意気投合してくれるだろうと紹介した信頼できる友人Ｂとまったくソリが合わなかった。

自分は苦手だなと感じているのに、なぜかいつも近づいてくる明らかに自分に好意を持つＣさん（異性によくある、かな？）

「どうして僕をこんなに引っ張ってくれるのか」と思うほど自分を見込んでくれている年配のＤさん

自分が相手を思うベクトルとその強さは、千差万別です。その方向や強さがそこそこ釣り合うと、恋人同士や気の合う友人になったり、採用されたりるすのでしょう。

ここで言いたいのは、あなたが「これは!」と思う誘いに乗って欲しい、という事です。

感覚的に難しいのは重々承知、でも求職しているあなたに気に留めておいて欲しい事です。

自分の体験を２つ紹介します。

ある営業先で。セールストークをするも相手にそのニーズがない事がわかり、未練をまったく見せずに商談を切り上げようとすると、相手から思いもよらぬこんな言葉。

「無駄話をいっさいせず、素晴らしい。あなたは必ず成功しま

すよ、藤野さん」。このような褒め言葉をかけられ、ビックリ仰天です。

もう一つ。趣味のサークルで知り合った親子ほど年が離れた人生の大先輩から、自分には格が高すぎる集まりへの度重なるお誘い。自分の事を見込んでくれている事がよくわかります。

このように、自分を評価してくれる、見込んでくれる人の誘いには乗りましょう。自分を評価してくれる人は世の中にそういるものではないですし、誘いに乗れば相手も喜んで下さりますます関係が良くなる。実になるものがないと判断すれば、行かなければ良いだけの話です。

誘いの質をどうやって判断するか。それはあなたの嗅覚以外にありません。自分を信じましょう。

第 **3** 章

準備は整った
「天職」を掴もう

新天地の探し方

3-1-1 希望の仕事はこう見つける
ポジションありき、では決してない

仕事がない今、起業する以外に仕事をする方法は、あなたの雇い主を見つけるしかありません。

では、どうすれば希望の仕事は見つかるでしょうか。大きく分けて2つあります。

① **Passive（受け身）の方法**

人材を募集しているポジションに応募します。問題はその見つけ方。ネットで検索するといろいろなサイトがありますが、ハッキリ言って無償で見られるところは帯に短し襷に長し。3-1-5項で紹介したBIZREACHは、わずかな投資で他の無料で運営されている類似サイトと一線を画します。ここにしか登録がないポジションが多数あります。月5,000円程度必要になりますが、負担以上の価値があります。

② Proactiveな方法

ポジションを探すだけが転職活動ではありません。

募集中のポジションがあろうがなかろうが、行きたい会社に自分からアプローチします。とは言ってもコネがゼロでは門前払いなので、少なくともよく知っているヘッドハンター、できればその会社に信頼できる人脈があれば、その人から口利きしてもらうのです。そんな図々しい事ができるかって？ 図々しくなって他にゴマンといる競争相手と差別化できなかったら、あなたの転職先はありません。自分はこんな事ができる、こんな事が得意だ、とアピールすれば、ポジションは自分で創れます。

どんな新しい仕事を得るにせよ、そこで求められるのは定型業務ではなく非定型業務、ルーティンワークではなくクリエイティブワーク、インプット（仕事をどのように進めるか）ではなくアウトプット（どんな結果を出すか）です。Passiveでは到底無理な、Proactiveな姿勢が間違いなく求められます。

このProactiveな姿勢を、新しい組織に入っていきなり発揮するのは至難の業、その組織に入る前から、極端な言い方をすれば「そのポジションを作れ」「俺を私をそのポジションに採用しろ」「あなたの会社に俺は私はこんなメリットをもたらす」と言えるくらいの積極性図々しさがないと、実力は発揮できないものです。

待っていても良い仕事は空から降っては来ません。あなた次第、です。

3-1-2 自分が高く評価される場所に身を置く
　　　　 上司があなたを採用する

皆さんは上司とうまくいってますか。

Yesと答えた人は会社に行くのが楽しい人

Noと答えた人は会社に行くのが苦痛な人

……ではないかと思います。

世に「管理職になったらいかに部下を管理するか」という類の本はたくさんあっても、「上司の管理」に関するものがほとんどありません。

この点を指摘したある人の著述にはこんなくだりがあり、僕はこのコピーを手帳に貼りつけて何度も見直しています。

　　　＝＝＝＝＝

　　ビジネスに携わっているほとんどすべての人には上司がいます。CEOに対しても取締役会や株主が「上司」の役割を果たします。

　　仕事の能率のためにも、キャリアの成功のためにも、会社の中で上司ほど大切な人はそう多くはないはずです。無能な上司の下で働くのは一生の不作ですし、有能な部下が会社を辞める最大の要因は上司との関係とも言われます。

　　「上司の管理」とは決して上司を欺いたり、策略を使うと

いう事ではありません。上司の長所、短所をよく理解して、どうすれば上司をより効果的に、またサポートできるか、また相互信頼関係を築き、共通の目標を達成するために何ができるか研究する事でもあります。

上司を経営学の教科書どおりに振る舞わせる事は不可能であり、またこの世の中不公平で、「正解」や「普遍的な真実」もない事を理解してもらった上で、次のような項目から上司の分析をさせます。

- ☑ 上司には向上心があるのか、あるいはただのサラリーマンなのか
- ☑ 「職人」なのか、「管理職」なのか
- ☑ 「ホウレンソウ」を頻繁にしてほしいと思っているのか、あるいは自由にやらせようとするタイプなのか
- ☑ 報告書を欲しがる人なのか、口頭での報告を好む人か
- ☑ メールに反応する人なのか、コンピューター音痴なのか
- ☑ どうして現在のポジションについているのか
- ☑ 上司が得意とするのは何か
- ☑ 部下がカバーすべき弱点は何か
- ☑ 上司とは友達になりたいか、ビジネスだけの関係にしたいか

＝＝＝＝＝

僕の再就職を決めた、すなわち僕を採用したのは、今の上

司です。後から聞いた話によると、2か月の間に10人以上を面接して僕を選択してくれた訳ですから、一生頭が上がりません。

しかし、それはそれ。今はこの上司からいろんな事を吸収する身分ではあっても、いずれ追い越すくらいの気構えとメンタリティーで仕事に取り組まないと、自身の向上と会社の発展は望めません。

どこかに「部下は上司を3日で理解する、上司は部下を1年かかっても理解できない」というようなフレーズがあったような記憶があります。その上司と2週間仕事をしました。会話のリズムや話のテンポ、視点やものの考え方、が自分と似ていると感じ、話せば話すほど見つかる沢山の長所がある一方、どんな人にも必ず一つはあるいくつかの短所も把握できました。上述の分析もだいたい終わりました。

僕の上司の最大の長所は、「人の話をよく聴く」事です。この点を良い意味でうまく利用し、コミュニケーションを密にして仕事を進めていけたら理想的です。
新橋のガード下の飲み屋でくだ巻いているサラリーマンは、例外なく上司の悪口を言っていますからねぇ……。

これは、僕が2社目に採用された2週間後にブログに綴った文

章です。

前置きが大変長くなりましたが、今一度仕事を探すあなたに考えていただきたい事があります。

それは、「あなたの上司があなたを採用する」という厳然たる事実です。

大手企業が大卒を一括採用するのとは、ここが決定的に異なります。転職では即戦力のみ求められるので、あなたのポジションを採用する上司は明文化しているものそうでないものを含め、「こんな人が欲しい」と考えています。上司になる人と一回の面接で採用が決まる事はまずないでしょう。あなたの上司は時間と手間をかけて、それから転職エージェント・ヘッドハンターが仲介する場合にはそこに多額（あなたの新年収の30%程度が相場でしょう）の成功報酬も会社から支払うので、絶対に失敗したくありません。失敗したら自分の評価が下がります。慎重に慎重を重ねて、あなたを採用します。つまり、あなたの上司はあなたを高く評価し、「相性の良い人」と思って採用するのです。

日本の多くの大企業ではローテーションとも異動とも呼ばれる、配置転換があります。しかしここに「上司と部下の相性」はあまり考慮されません。人事部と部長クラスの密室会議の結果、配置転換する人に「さまざまな業種を経験する事で業務の幅を広げてもらう」事を目的として配置を「組み替える」のです。どうしたって、相性の悪い人と上下関係になる事はあります。

繰り返しますが、転職はここが決定的に異なります。あなたが

あるポジションに採用されたら、採用した上司が異動または退職しない限り、そのポジションから動く事はないでしょう。そう、あなたは最初から「高く評価されて採用される」のです。ならば戦略は簡単です。できるだけたくさんの人に会い、「相性の良い人」に会う確率を高めましょう。それにはどうすれば良いか……。

「場数を踏む」これ以外にありません。

仕事を一時的に失う。これは確かに厳しい事です。しかし、よく考えていただきたいのです。新しい仕事に就く、という事は、「あなたが求められる場所に行く」事に他ならないのです。苦労の末得たポジション、そこは間違いなく「あなたが高く評価された場所」です。

あなたを採用した上司は、採用した事を肯定したい訳ですから、多少あなたに合わせてくれます。これは僕の経験から確信を持って言えます。

あなたが輝ける職場を見つけましょう。

3-1-3　目標を公言し可視化する
　　　　潜在意識に落とし込む

したい仕事、行きたい会社や組織が見えて来た今、あなたはおぼろげだったいろいろな事がかなり絞り込まれて来た印象を受けているのではないでしょうか。

この段階が最も適切だと思いますが、このエネルギーが満ちて

いる時に

「目標を公言し可視化」しましょう。やり方は、世にあるビジネス本に書かれている目標設定の手段、SMART。つまりは、

S： Specific 具体的
M： Measurable 測定可能
A： Achievable 達成可能
R： Realistic 現実的
T： Time-bound 期限がある

2019年12月31日までに（T）、××業界営業職の内定を獲得する（A）、ワクワクする仕事に（R）、3社以上（M）応募する（S）

こんな具合です。

ここであなたにこだわって欲しい事。この目標はインプット（この場合「応募する」＝主語はあなた）にしましょう、アウトプット（「オファーを出す」＝主語は企業）ではなく。

転職活動はインプットする側のあなたが、アウトプットをする側の企業を口説き落とすプロセスです。最終目標はもちろんアウトプット＝結果なのですが、それには当然インプット＝過程が不可欠です。

これをまず一番身近な人に宣言します。恥ずかしい？のなら、少し離れた友人でも良いかも知れません。相手があなたから失業を宣言した人であれば、恥ずかしい事はありませんよね。

そして視覚化します。横軸に時間、縦に目標のマイルストー

ン（職務経歴書提出、一次面接、最終面接、オファーを受ける、
など）を表にまとめ、寝室の天井に貼るも良し、書斎の壁に貼
るも良し、です。

「期限のない目標は夢に過ぎない」なんて言葉をどこかで聞い
た事があります。目標は達成するためのものです。

可視化したら、毎朝朗読しましょう。潜在意識に落とし込まれ
ます。

3-1-4　書き出して「視覚化」する
###　　　　書いて初めて見えるものがある

求職活動はかつてない経験、心がかき乱されて訳がわからなく
なっている事でしょう。

応募しているＡ社とＢ社はどちらがいいか。

Ｂ社の次の面接ではどんなリスクとチャンスがあるか。

かき乱されている心を落ち着ける方策はあるか。

いろいろ思い悩む事があると思いますが、とにかく「書き出
し」てみましょう。ＰＣにワープロに、ではなく、紙に自分の
手で、です。

コンセプチュアルなプレゼンテーションを作成する場合もそう
ですが、まず骨組みを紙に書き出し、それを並べて視覚化して
構成を考える。こうすると他人の意見も求めやすくなり、穴や
ダブり、自分の思考の癖などを見つけやすくなります。

かき乱されている心を整理するにも、これが有効です。僕は、

2社目のB社への就職を決めた際、2時間ほど「人生でこんなに悩んだ事はない」くらい悩みました。実は「2番目に行きたい」会社への入社を決意したのですが、後々考えるとこれが大正解でした。と言うのも、この「2時間悩んだ」数日前に書き出した、一番行きたいA社と2番目に行きたい会社に関して書き出した表には、どちらかで悩んでいる時にはなかなか気がつかない点がありました。会社の「業界」です。結果就職したのは医薬品業界（その後移った3社目もそうです）、一番行きたかった会社は広告業界でした。僕が2社目へ転職したのが2010年2月、その前に来ていたリーマンショック、その後に襲った東日本大震災などの影響がもしなくても、「景気に左右されにくい盤石な業界は」と考えれば、有利なのは誰の目にも明らかでした。しかし、これは「書き出し」ていないと、この2社で次に面接する人との想定質問を考えるなど視野狭窄に陥っていると、なかなか見えづらい面なのです。だからこそ、視覚化が有効なのです。

どこかで、「選択に悩んだら2つの選択肢の良い点を悪い点を100個書き出してみよ」というようなアドバイスを聞いた事があります。たいてい100個も書けやしません。20〜30で書く手が止まってしまうでしょう。でもこのセリフをくれた人が言いたかったのは、「それでも考えろ、深く考えろ」という事ではないか、と僕は思います。トコトン考える事で見える事って、意外に大切だった、なんて経験があなたにもありませんか。

悩んだら書き出す。この時以来僕が実践している、人生で大切な選択を正しく選ぶ秘訣です。

この考え方の延長で、僕は2年前から新年に「やりたい事100個」を書き出しています。目標ではなく、"やりたい事"です。願望です。最初はなかなか100個書き出せずに途中で手が止まったり、同じ事を2回書いてしまったり、などがあり2週間！かかりましたが、手帳に書いたものを折に触れて見直しています。

ある友人がしているのに刺激を受けて始めましたが、僕のまわりには同じ事をしている人が結構います。皆尊敬できる部分を持っている方ばかりです。ある知人は「無理かも知れないと思った事を、書き出して実現できた」と言っていました。

「やりたい事」でいいのです。「そんなもん、できるわけねーだろっ」「アホか、お前は」と言われる事でも。潜在意識にすり込まれて、ある日突然「実現できた！」……僕が狙っているのはこれです。

3-1-5　転職エージェントはこう見つける
　　　　　"再就職支援会社"はあなたの味方ではない

僕が初めて求職活動をした2010年はまだまだ転職エージェントも少なく見つける手段も限られていましたが、今やITがそれをも解決してくれました。

仕事を求めるあなたと、優秀な人を採用したい企業。転職活動は基本的にこの二者による駆け引き・交渉ですが、百戦錬磨の企業に対し、あなたはいわば素人。弁護士を立てずに裁判を戦うようなもので、圧倒的に不利。ならば、自分を弁護してくれ

る人、味方とも言える転職エージェントを見つけましょう。人材流動がかなり活性化して来たこの日本でも、一昔前は胡散臭かった転職エージェントも一大産業になりつつあり、優秀な人自分に合う人を見つければそれは強い味方になります。

ここでは、良し悪しは別にして僕が有効と思う転職エージェント・ヘッドハンターの見つけ方を紹介しましょう。いずれもネットです。

① **BIZREACH** "年収800万円以上限定"の触れ込みがありますが、実際そんな事はありません。星の数ほどある他の求人サイトと決定的に違うのは、BIZREACHが月会費わずか（あえてこう書きます）5,000円程度とはいえ有料である事。この違いゆえに、「BIZREACHにしかない」求人案件が多数あります。

実際僕は、BIZREACHに自分の履歴書を登録した途端に、そこにしかない3件の案件を数日のうちに、しかも異なる3社の転職エージェントから紹介されました。BIZREACHに登録すれば、転職エージェントがあなたに近づいて来ます。

② **LinkdIn** 外資系専門と思われるかも知れませんが、今やそんな事はありません。人材流動が活発な欧米では、営業マンが取引のきっかけをここから探す事さえある、多目的に使われているビジネスSNSですが、普及が遅れた日本ではまだまだ求人者の転職活動サイト、という側面が強い

です。履歴書をここにアップしましょう、そして学歴や表彰歴・ボランティア歴なども。（胡散臭い人も含めて）転職エージェント・ヘッドハンターも多数登録しているので、自分の履歴書をここにアップしたら、「これだ！」と思う転職エージェントに自分からアプローチする事もできます。（この原稿を書いた一週間後に、LinkdInがMicrosoftに買収されるニュースが発表されました）。

転職エージェントではありませんが、退職勧奨をした会社が幹旋する「再就職支援会社」を、僕は信用していません。この会社の報酬は、自分の肩を叩いた"元所属先"から、乱暴な言い方をすれば、そこから放り出されたあなたが**どこでもいい**から再就職が決まったと同時に支払われます。つまり、あなたの再就職先は**どこでもいい**のです。

この点、転職エージェントは違います。この人たちの報酬はあなたの再就職先から支払われます。再就職先の企業文化をよく学び、時にはその会社の人事部採用担当の役割を担って求める人材を血眼になって探します。採用された人が一定期間定着しなければ、報酬が支払われない例もあります。つまりは、この転職エージェントの利害は、「自分に合う天職を見つけたい」あなたの利害にとても近いのです。

利害関係をよく見極めましょう。相手の目をよ〜く見て話せば、その人が自分の味方かそうでないか、は必ず嗅ぎ取れます。

あなたの味方は「再就職支援会社」ではありません、「転職エージェント・ヘッドハンター」です。

3-1-6　受動から能動に変化した２度目の転職

ここで、50歳になった直後に籍を移した、僕の２度目の転職についてお話しましょう。

結果として５年半在籍した、そして自身初めての“医薬品業界”でのキャリアとなった２社目を去るきっかけはひょんなところから訪れました。

僕を採用した上司が、2015年３月に辞めてしまったのです。僕自身の仕事のやり方を確立し初めてだった業界にも溶け込み楽しく仕事をしてはいましたが、彼の退職を聞いた瞬間僕が思ったのは「それなら僕もここに居る理由はないな」でした。タイミング良く、その半月前にあるヘッドハンターからある興味深いポジションのオファーを受けていたのでした。

約５年半ぶりとなる２度目の転職活動は、さまざまな面で１度目と大きく異なりました。以下の点です。

① **ヘッドハンターは僕の事を実によく調べていた**

　　オファーを受けてヘッドハンターのオフィスにポジションの詳細を聞きに行った最初のミーティングで思った事、それは「こいつ、僕の事を実によく調べているな」でした。今にして思えば、クライアントである僕の将来の転職先から求められる人物像・持つべきスキルをよく理解し、それに見合う資質を持つ人物の一人として僕に白羽の矢を立てたのです。僕が展示会などで行ったプレゼンテーションや講演、医薬品業界特有の“当局”との査察同行経験など、

僕がアピールしようと思って加筆した職務経歴書を出す前に、ヘッドハンターの彼は僕の経歴を調べ上げていました。彼のプロフェッショナリズムに感心して「コイツなら信用できる」と思い、この案件にのめり込んだ事は否定できません。

② **自分に余裕があった、だから冒険できた**

終身雇用は過去のもの、とはいえ、大学新卒で入った会社で定年退職を迎える人つまり"生涯一度も転職活動をした事がない人"はまだまだ世の中にたくさんいます（事実僕の兄がそうです）。僕にとって2度目の転職活動は2つの面で余裕がありました。1点目は「一度経験した」精神的な余裕、そして2点目は、肩たたきを受けて転職先を探していた一度目と違い、「もし採用されなくても現職に残れる」余裕でした。

ただ、結果として決まったこのポジションを探すヘッドハンターは、「リテーナー」つまり今の職がある者（失業者ではなく）に候補を絞って探していたのです。読者のあなたを男性だと仮定し、あなたが彼女を探すのに、どうせロクなのがいない「フリー」の娘から探すのではなく、より魅力的な「彼氏持ち」の娘から探し「あんな奴より俺の彼女になる方が良いから寝返ろ」と口説き落とす。このプロセスで候補者を探していた、という訳です。

この選考で面接を繰り返していた頃の僕は、スピーチサークルのトーストマスターズに入会して2年、face to face

コミュニケーションの場数を踏み、自分のジョブインタビューつまり面接スキルにかなり自信を深めていた頃でした。なので「仕事ができるように見せる」面接術を自分なりに考えて実行に移す、を繰り返し、時には圧迫質問に対しても「俺に任せろ！」など冒険とも言える回答をしてそのポジションを勝ち取ろうとしていました。

③　受動から能動に変化

告白されて始まった交際で、のめり込んで追いかけていたのはいつの間にか自分の方だった、こんな事ってありますよね。この２度目の転職活動がまさにそうでした。

先述のヘッドハンター、日本人の上司、実際の採用権を握る外国人の上司の上司、人事部長、日本法人社長、最後には後に会社のナンバー２とわかるシニアバイスプレジデントなど会う人話す人皆魅力的で一緒に仕事をしたくなる“プロフェショナル”ばかり。最初は受動で始まったこの転職活動、いつの間にか僕がのめり込む能動モードに変わっていて終盤はそれこそ必死になって対立候補との差別化に血眼になっていました。この原稿を書いている入社１年半たった今、この組織に入って本当に良かった、とつくづく感じています。

こうして勝ち取ったポジションですが、この時に学んだノウハウも皆さんのお役に立つのでここで公開しましょう。

① **連絡先はすべて明確に分ける**

言わずもがなですが、転職関連の連絡は個人の携帯電話・メールアドレスを使いましょう。

最初の連絡が会社のメールや携帯電話であっても、メールならそれを個人アドレスに転送しそこから返信する、電話なら着信番号をメモしておいてこちらから連絡する時は個人携帯電話から連絡する。そして「以降の連絡は必ずこのメールアドレス・電話にしろ」とヘッドハンターに厳命します。

② **メールアドレスは"プロフェッショナル"に**

加えて注意したいのが個人のメールアドレス。時々ニックネームや稚拙なキャラクター名などをアドレスに使っている人を見かけますが、これもNG。プロフェッショナルな職務経歴書に記載するメールアドレスは、自分の名前と判別するPINコードの類などの組み合わせのみの、洗練さが感じられるアドレスにしましょう。幸い、Gメールアドレスなどの取得が容易になった今なら、その環境は十分に整っています。

③ **面接は終わる時間を気にせずに済む設定で**

電話を含む面接が数多く設定される事と思いますが、外資系のポジションですと相手が時差のある場所にいる事はザラで、早朝9時前や昼休みの面接を提案される事があるでしょう。しかしこれはもっての外。忙しいエグゼクティブ

が相手だと約束の時間に始まらない事もあれば議論や質問が活発になり予定の終了時間を過ぎる事もしばしば。なので就業後や、どうしても就業時間中の面接が避けられない場合は休暇を取るなどして、終わる時間を気にせずに済む設定にしましょう。

④　電話は密室で

反面教師の例として僕の大失敗を公開しましょう。3社目の電話面接でシニアバイスプレジデントから19時の電話を指定されました。ヘッドハンターとの連絡ミスで、そのシニアバイスプレジデントではなく、もっと地位の低い人からの電話を受けるものと勘違いしていた僕は、あろう事か18時30分から秋葉原の居酒屋で飲み始めていました。ほろ酔い気分で電話を受けて名乗った相手に青ざめ、座敷で飲んでいた僕は靴も履かずに店の外へ。落ち着いて話せる静かな場所を探そうにもそんな所はまったくなく右往左往。ようやく迷い込んだのがいかがわしいDVD店の入口に続く階段で、片耳をふさぎながら英語で電話をする僕を「そこにお前がいたら客が入れないだろう」と迷惑そうな顔をして無言で追い払おうとするオタク店員。会話に集中できず、落ちたと思いました。皆さんはこんな事をしてはいけません。まだ決まっていないポジションの面接電話を受ける時は、必ず雑音が遮断でき落ち着いて話せる密室を確保しましょう。

3-1-7　自分の希望業界職種を絞る

僕は最初の転職が44歳と比較的高齢だったため、「別の業界に移る」あるいは「別の職種に移る」という選択肢は少しも頭に浮かびませんでした。19年間経験した化学業界で培った専門知識とスキルを生かし営業の仕事をする、と最初から絞り込みができていました。

これは僕に仕事を紹介するヘッドハンターにとって、手のかからない楽なクライアント、だったと後で気がつきました。それは、ある30代の人の転職活動のお手伝いをした時です。

2ヶ月かけて書き上げた応募書類3点セット（履歴書・職務経歴書・英文CV）をヘッドハンターへ送ろうと、彼に目指す業界職種を尋ねると、「わからない」との答え。表情にこそ出さなかったものの、僕は心の中で「それはないだろう」と叫んでいました。

結局目標業界職種未定のまま書類をヘッドハンターに渡し転職の指南を依頼したのですが、ただでさえ忙しい彼らはまともに取り合ってくれません。具体的な手のかからないクライアントの世話で手一杯、迷える子羊のガイドをしてくれる時間の余裕は彼らにはありませんでした。

思い返せば、この「仕事を探す」プロセスは、内資外資に関係なく、極めて外資系的なやり方です。質問されて回答を躊躇したら置いてきぼりにされるだけ、弱肉強食です。チャンスは前髪で掴まなければ次はもうないのです。

話を元に戻しましょう。慌てた僕は、その30代の人に「どん

な内容でも良いから明日中にヘッドハンターにメールを送ろう」と指示しました。転職先を探す彼は物事を頼む側、頼まれる側のヘッドハンターとの力関係は均等ではないのです。

物事を頼むからには、準備を万端にして頼む人がかける労力時間を節約するように気遣う。そのために、自分の希望職種業界は絞りましょう。

そしてもう一つ、「競合他社への転職」を考えている・迷っているあなたへ。

☑ 前の会社を敵に回して、恨まれないだろうか
☑ 新しく入った競合会社の名刺を持って営業に行き、お客様は会って下さるだろうか

などなど心配は尽きないでしょう。

私の意見は「競合に声をかけられる人になれ」です。

考えみて下さい。あなたが仕事をしていて、手強い競合他社に見ただけでひるむような敏腕営業マンがいた、と仮定しましょう。その人があなたの味方になったら、どうでしょう。

競合他社への転職は、今や当たり前、むしろそれが一番自分の知識スキルを生かせてスムーズに入っていける転職です。

競合が欲しがる人こそ、一流の人です。

相手に「会いたい」
と思わせる職務経歴書の書き方

3-2-1　具体的に

この本を手に取って、ある程度読んで下さった方の反応は、大きく2つに分かれるでしょう。納得して下さる方と、しっくり来ないと感じる方。それは1にも2にも、僕が28年にわたる職業人生のすべてを「欧米系企業日本子会社」なる環境で過ごしているからだと思います。コミュニケーションが直接的、Straightforwardなのです。これは仕事の言語が直接的な英語だから、です。まわりくどい、起承転結で結論が最後に来る、文脈重視の日本語ではなく、「で、何？」、結論ありきプロセスは後、書いてある文章がすべての英語です。

なぜこんな事を書いたのか。それは、ここで言いたい「職務書を書く」プロセスは、是非是非英語脳で行っていただきたいから、です。

この経験を生かしたい、と思いふとした事から「キャリアコンサルタント」なる資格を知ったのが、3社目を追われた2017年。ここで学んだ事、その後取得した資格を生かして何名かの職務経歴書の手直しをお手伝いした経験を書きます。ここで言いたいのは、"How"、どんな職務経歴書に仕上げるか、です。

意識していただきたいポイントはただ一つ、

読んだ相手に「会いたい」と思わせる

これです。

あなたが今会いたいと思う人は誰ですか。その人はどんな表情をしていますか。

きっと笑顔ですよね。

従って、職務経歴書に張りつける写真は、笑顔のあなた！

写真館で撮った仏頂面の顔写真しか持っていないあなた、今すぐ笑顔の写真を撮って差し替えましょう。

そしてもう一つ大切なのは、「具体的に」です。これが冒頭に書いた英語的なニュアンスです。

☑ 調達原価削減プロジェクトチームを主導した

☑ 調達原価削減プロジェクトチーム6名のリーダーとして、従来10社あったベンダーと交渉し3社に絞り込み、2010年の部品Aの調達原価で前年比80％2,000万円の削減を達成した

いかがでしょう、どちらの記述が説得力に富んでいるでしょう。履歴書の主がどんな仕事をしたのか、イメージが浮かぶでしょう。

主導する、推進する、啓蒙する……巷でよく見かけるこの表現、実際にはいったいどんな事をするのでしょうか。

プロジェクト会議で方針を指示する、学会でプロモーション発表の10分スピーチをする、部内会議で毎月繰り返し話し議事録のメール配信もする……と言い換えればその人が実際何をしたのか、伝わりますね。

もうおわかりでしょう。相手に「会いたい」と思わせる職務経歴書、その記述は英語的、換言すると具体的定量的です。職務経歴書を読む側が、書いた人の具体的なアクション・行動を想像できればOK、できなければNGです。一通り職務経歴書を書き終えて、コーヒーでも飲みながら自分で読み返す、あるいは周りの人に読んでもらって感想を聞きましょう。そして問いましょう。

「これを読んで、僕（私）に会いたいと思う？」

3-2-2　事実を

相手に「会いたい」と思わせる職務経歴書、その2つ目のポイントは「事実」を書く事です。

ビジネスの現場で重視されるホウレンソウの"ホウ"すなわち「報告」、これが上手な人とそうでない人の違いは僕の見るところただ一点、「事実とそれ以外をきちんと分けているか否か」です。報告が下手な人の特徴は、事実と推論を混同する、不確定な憶測を報告してしまう、主語が自分でない、などの例はありますが、共通するのは上述の点です。

職務経歴書に戻りましょう。

職務経歴書に書いて良いのは、客観的「事実」のみです。判断

が難しい時の基準は、「私のこの職務経歴書を前職の上司が見ても合意・納得してくれるか」です。つまり、誇張した表現、もっとエスカレートして自分を良く見せようとして数字を粉飾するなどの虚偽表現があっては、後でバレたらあなたの信用はズタズタ、いえ、時には首尾よく就職が決まった会社を懲戒免職になる可能性だってあります。

ましてやIT全盛のこの時代、いったん提出したあなたの職務経歴書はいつ誰の手に渡るかわかりません。誰が見るかわからないのです。

別の言い方をすれば、「誰に見られても後ろめたくない、堂々と提出できる職務経歴書」を書きましょう。そのためには事実、推測でも憶測でも感想でもない、客観的事実です。

「事実かどうか判断がつかないグレーなもの」ももちろんあるでしょう。例えば……

○○の輸入コスト削減プロジェクトチームのメンバーとして、○百万円削減に貢献した。

プロジェクトチームのリーダーならもっと誇張する表現もできますが、まぁいいじゃないですか。チームメンバーとしてあなたが活動し、プロジェクトを最後まで終えたのなら、堂々とこのように書いて良いのです、堂々と。

グレーな部分の誇張表現は許容範囲です。この部分は図々し過ぎるくらいでOK、図々しく行きましょう。但し、虚偽の記述は絶対NGです。事実のみを書きましょう。

3-2-3　相手が会いたくなる職務経歴書サンプル

さて、この章をここまで読み進めていただいたあなた、この項のタイトルに何か不自然なものを感じませんか。

「職務経歴書」という言葉のニュアンス、あなたはスンナリ受け入れていただけたでしょうか。
そう、日本では「履歴書」が一般的で、「職務経歴書」という言葉はまだまだ外資だけのものかも知れません。文房具屋に「履歴書」のテンプレートは売っていても、「職務経歴書」の様式は売っていません。でも、ちょっと考えていただきたいのです。この事実は何を意味するのでしょうか。

「職務経歴書」には一定の様式、決まりがありません。わかりやすく、客観的事実のみを書くべき、との暗黙のルールはありますが、そのルールを守れば、「何を、どう」書いても良いのです（と、僕は解釈しています）。
職務経歴書はあなたのすべてです。全精力を集中して、自信を持って堂々と提出できる職務経歴書を作りましょう。
サンプルとして、僕の英文職務経歴書と、僕が転職活動をお手伝いした方のものを添付します。もちろん守秘義務がある箇所は数字をぼかしますが、「ここまで具体的に書くのか」と思っていただけたら嬉しいです。

サンプル①

Masa Fujino

Home address

Mobile: xxx   E-mail: xxx@xxx

QUALIFICATIONS SUMMARY

- 28 years' experience of international business development in pharmaceutical and chemical products.
- Six Sigma method project management in chemical products.
- Interpretation, bilingual meeting and teleconference facilitation, document translation.
- Project management of customer pharmaceutical product development.
- Outstanding communication, negotiation, interpersonal skills especially: presentation and speaking.
- Logical, self-motivated and strong customer-oriented mindset and leadership.

PROFESSIONAL EXPERIENCE

Company D   **December 2017 – Present**

Head of Sales   December 2017 – Present

- Responsible for xxx exclusive synthesis as Business Unit Head of Sales for Japan and Korea.
- Manage JPYxxx sales of Contract Manufacturing and Specialty Chemicals business.

Company C   **August 2015 – November 2017**

Account Executive   August 2015 – November 2017

- Acquired USDxxx contract manufacturing project from major Japan pharmaceutical companies including USDxxx xxxdevelopment projects.
- Business Development for xxx technology, xxx, and xxx.
- Directory report to xxx(country name).

Company B   xxx division   **February 2010 - July 2015**

Sales & Marketing Manager   February 2011 - July 2015

- Managed 5 subordinates through SMART goal setting and quarterly reviews.
- Achieved three consecutive years sales growth from 2011 to 2014 (x% CAGR despite shrinking domestic market).
- Guided very first xxx manufacturing site approval from xxx(authority name).

Sales & Marketing Supervisor   February 2010 - January 2011

- Successfully acquired USDxxx contract manufacturing project from major Japan pharmaceutical companies.

Company A xxx Bsiness Unit   **April 1991 - January 2010**

Import Representative, xxx   April 2009 - January 2010

- Reduced JPYxxx of xxx import cost by consolidating B/L for ISO containers with same import schedule.

Marketing Representative, xxx   May 2008 - March 2009

- Increased JPYxx 2008 annual sales through xxx.

Marketing Representative, xxx   April 2002 - April 2008

- Responsible for xxx products in Asia Pacific sales for xxx industry – xxx application.
- Received Vice President Award for global "xxx Project" by directing JPYxxx of sales from less environmentally friendly products to more eco-friendly products.
- Reduced USDxxx cost of xxx manufactured products by leading Six Sigma project.
- Successfully started-up customer's new plant in xxx and xxx.

Marketing and Technical Representative, xxx   April 1998 - March 2002

- Responsible for Sales and Marketing for Japan customers as well as Technical service of xxx products for customers in Asia Pacific.
- Created JPYxxx of new application sales from customers in Japan.
- Prevented JPYxxx sales loss through negotiations with xxx plant.

Technical Representative, product xxx   April 1996 - March 1998
- Responsible for Technical service, application development and troubleshooting of xxx for customers in Asia Pacific.
- Initiated USDxxx sales (1997-2008) working with customer in Korea from start-up phase.

Technical Representative, xxx   April 1991 - March 1996
- Application development, product development and troubleshooting of xxx products for Asia Pacific customers.
- Contributed to JPYxxx (1994-2009) sales increase of new product for xxx

EDUCATION

Keio University, Bachelor of chemistry   March 1991

TECHNICAL SKILLS AND CERTIFICATIONS
- TOEIC xxx points (September 2017)
- Six Sigma Green Belt
- Microsoft Word, Excel and PowerPoint
- Toastmasters Competent Communicator and Competent Leader
- Blind Touch Typing

HOBBIES
- English
- Public Speaking and Presentation
- Marathon
- Working & Career performance and advancement (yes, this is a real hobby!)
- Charity, donation, fundraising
- Blood donation

Physical Health, Career, Study & Mastery, Relationships, Finances & Wealth, Contribution.

These are the 6 key elements to life.

I have made it my personal goal to work on and improve each of these elements daily.

As of July 1, 2019

サンプル②

Name

Mobile: 090-xxx-xxxx   E-mail:

JOB SUMMARY

I work at the health and social welfare department as a public health nurse. I am in charge of my area and support residents who live in my area with visiting their home, telephone counseling, health checkups and so on with the aim of the improvement and preservation of their health.

QUALIFICATIONS SUMMARY

- Persistent capability to build reliable relationships with various kinds of people, especially who have some serious issues with their mind or mental.
- Problem detection corrective action suggestion and continuous countermeasure action taking ability. I utilized it and was successful for improving both quality and quantity of for public service for citizens.
- Communication skills, Thought in perspective, Research skills; These skills are accumulated from my experience.

TECHNICAL SKILLS AND CERTIFICATIONS

- Microsoft Word, Excel and PowerPoint
- Public Health Nurse's license, Nurse's license
- TOEIC 750 points (January 2018)

I was successful for my TOEIC score development by 350 points(from400 to 750) in 4 months of dedicated study.

PROFESSIONAL EXPERIENCE

xxxx City Office   April 2016 － Present

Public-Health Promotion Division   April 2016 － Present

- Support high-risk persons in various ways (visiting their home, telephone counseling, interview and so on).
- Consultation of mind(Mental Health Consultation, mentally handicapped people social guidance)
- Pregnancy/childbirth, childcare(Infant home visit, child care counseling, an infant medical checkup)
- Help promotion of resident's health (Health checkups for *** residents, an instructor for workshops).

xxx City Office   October 2014 － March 2016

Public- Health Promotion Division   October 2014 － March 2016

- Pregnancy/childbirth, childcare(Infant home visit, child care counseling, an infant medical checkup)
- Help promotion of resident's health (an instructor for workshops, consultation of vaccination).

xxx City Office   October 2012 － October 2014

Public-Health Promotion Division   October 2012 － October 2014

- Consultation of mind(Mental Health Consultation, mentally handicapped people social guidance)
- Pregnancy/childbirth, childcare(Infant home visit, child care counseling, an infant medical checkup)
- Help promotion of resident's health (Health checkups for *** residents).

xxxx Hospital   April 2012 － September 2012

Hematology Department   April2012 － September 2012

- Nursing care for patients, correspondence of patient's sudden turn for the worse

EDUCATION

xxx University, School of Medicine, Program of Nursing Science

March 2012

HOBBIES

- Learning English
- Public speaking in English
  - I served as a Master of the ceremony of the xxx International event in 2019.
- Running, Swimming
- Chattering with my friends

As of May 1, 2019

_____

3-3

面接準備「コイツ、違うな」
と思わせたらあなたの勝ち

3-3-1　面接相手を徹底的に調べ上げる
　　　　インターネットで丸裸にできる

苦労して作成した履歴書が功を奏し、面接の連絡が来ました。
相手は誰でしょう。人事部長でしょうか、あなたの採用決定権
を持つ将来の上司でしょうか。誰になるにせよ、徹底的に、納
得がいくまで調べましょう。「おっ、こいつよくこんな事まで
調べて来ているな」と思わせたら、ほとんどあなたの勝ち、意
欲のある候補者として良く思われる事はあっても、悪い印象は
まず与えません。

さて、どうやって調べましょう。僕が求職者であるあなたの立
場なら、こうします。

① ヘッドハンター・転職エージェントが絡む場合、その人か
　ら情報を得る
② 志望先企業と関係のある同業他社・取引先・顧客（となり
　そうな）、あなたのネットワークを活用する
③ インターネット、LinkdIn、FacebookなどのSNS

順に説明しましょう。

① は最も有益な情報源です。なぜなら、あなたとの利害が完全に一致している、すなわちあなたが志望する企業に採用が決まれば、ヘッドハンター・転職エージェントも成功報酬が得られるからです。使い倒しましょう。

具体的には、

☑ 想定質問集を作ってもらう
☑ 面談者の特徴・趣味嗜好・キャリア志向・好きな事など根掘り葉掘り聞く
☑ 面接のリハーサルをしてもらう

などは頼めます。

② 侮れないのがこれです。私がそうでした。最初の求職活動で採用された2社目の某事業部長は、1社目で3年間一緒に仕事をしたある同僚の配偶者でした。結果としてこのコネは生かせなかったのですが、仮に僕のアンテナがもう少し高ければこのポジションを転職エージェントを通さずにもっと早く知る事ができたでしょう。

世間は狭いです。あなたの仕事ぶりは皆見ています。僕の2社目採用のケースでは、結果として僕を採用した直属上司がこのコネを通じて僕の昔の仕事ぶりや人格がどうだっ

たのか、との探りを入れていた事がわかりました。

自分は②をうまく活用できなかったクチですが、あなたの志望先をよく知る人が身近にいれば、思わぬ有効な対策が打てる可能性はおおいにあります。

③　責任ある立場で仕事をするようになると「気をつけなければ」と感じたのがこの項目です。考えてもみましょう、あなたが来週面接する人のフルネームがわかりました。それをLinkdInやFacebookで検索すれば、その人に行き当たるかも知れません。LinkdInなら出身大学や専攻、これまでのキャリアプロフィールも読み取れるかも知れませんし、Facebookならその人の趣味や好きな事が手に取るようにわかるでしょう。仮にSNSで情報が得られなくても、相手が会社のHPに写真つきで挨拶文を掲載している代表取締役社長など地位の高い人ならば、たいてい気に入ったスーツとネクタイを身に着けているものです。それを見て、同じ出で立ちで面接に臨めば……気に入ってもらえる事請け合いです。

これらを駆使すれば、相手の事はたいていわかります。かなり機密性の高いポジションに就いた僕の2度目の転職活動では、計7人に面接されましたが、ほとんどの人の学歴職歴はLinkdInで丸裸でした。3度目の転職活動では、自分の採用に決定権を持つドイツ人の専攻や嗜好、ネットで発信しているスピーチから推測できる考え方を調べ、面接ではその話題に僕

から誘導しました。それは彼の専門・得意な分野の話なので、相手の機嫌を良くする効果的な方法です。

更に、「どうしてこのポジションを募集しているのか」も調べると良いでしょう。事業拡張に伴う新規なのか、半ばクビになった前任者の交代要員なのか、などです。後者なら、自分の前任者の特徴を調べてその人と自分の差別化を強調すれば有効でしょう。僕の2回目の転職活動が、後者の典型でした。

私はITを使いこなしている自負はありませんが、それでもここ20年で目を見張る発達を遂げたインターネットを駆使すればかなりの情報が入手できます。情報が氾濫している分、信用できるか、正しいか、など選定するあなたのフィルターは高い精度が求められますが、それでも僕が大学新卒で就職活動をした28年前とはまるで状況が異なります。

面接相手は徹底的に調べ上げましょう。相手は、それを待っています。

3-3-2　面接練習のビデオを撮る
これができる人はたった1%

タイトルを見た瞬間にこの項を読み飛ばそうと思った読者の方、無理にとは言いません。

著者として言います。これができるのは、すべての求職者のうち1%もいない、と断言できます、経験的に。なぜか。ものすごく恥ずかしいからです。

もういっぺんお考えいただきたい。再就職は、あなたの求める

ポジションにあなたが最も適する人物だと採用者に認めさせる、言い換えれば説得するプロセスです。他の候補者との差別化です。差別化、とは、抜きん出る事です。その他大勢の人がしない事を実行する事です。

この本には私のノウハウのすべてを注ぎ込んでいますが、最も「あなたをその他大勢と差別化できる」項目は、ここです。面接練習のビデオを撮る事です。

面接相手を徹底的に調べたら、次は面接練習です。

実はこのプロセスは僕が求職中にはしなかった事ですが、後から別の活動でするようになりその効果を実感しているので、あえて書きます。

既に述べた通り、求職活動では必ず面接があります。どんなに魅力的な履歴書を書いて相手に「会いたい」と思われても、面接で失敗すればすべてオジャンです。面接の成功なくして、あなたの再就職はありません。

では、その面接の成功確率を高める方法は何でしょうか。僕の経験上、それはとにかく練習・練習また練習、具体的にはリハーサル、です。既に述べた通り、できればヘッドハンター・転職エージェントに手伝ってもらえば更に効果的です。相手がしそうな質問を考えてくれますし、リハーサルの後あなたに対するフィードバックやアドバイスももらえるからです。英語面接の場合、リハーサル抜きで本番に臨むのは自殺行為です。何を聞かれるか、相手の立場を考えて質問を想定し、どもらないように回答を頭の中で組み立てておく、要点はメモして肌身離

さず持ち歩き頭に叩き込む。これくらい集中してちょうど良いのです。

そして、本題。練習の面接はビデオを撮りましょう。あなたのスマホを、街で1,000円足らずで売っている三脚で固定すれば、10分程度のビデオ撮影は楽勝、本当に便利な時代になったものです。

「私、いいや、これ」と思ったそこのあなた。本当に再就職したいですか。したいですね、頑張って下さい。

あれ、私の声ってこんなだったんだ。

こんなに目や体が泳いで自信なさそうに見えるんだ。

相手の目を見ていないなぁ。

自分のビデオを見て笑顔になる人は皆無、初経験ではすべての人が失望、がっかりします。自身の自信のなさそうな姿を見て。良かったですね、リハーサルで。本番まで時間はあります。2度目、3度目のリハーサルができればなお良し、あれだけ恥ずかしい自分の姿を見たのです、矯正すべき点はご自分が一番おわかりですね。

面接練習のビデオを撮りましょう。フィードバックは……自分ですれば良いですね。

3-3-3　アウトプットの練習を繰り返す
　　　　踏んだ場数だけうまくなる

TOEICテストは英語力を測る指標としてよく使われ多くの人

が受験します。白状しますと、僕は825点です。この点数で、欧米人と対等に交渉し、顧客との電話会議を仕切り時には通訳としてもお手伝いします。「825点でよくそこまでできるな」と思われる人が大半でしょう。それは、アウトプットで場数を踏んでいるからです。

TOEICはリスニングとリーディング、インプットの試験です。スピーキングとライティングの能力を正確に測るため、ようやくTOEIC SW試験なるものも登場したようですが、まだまだマイナーですね。

この項の本題に入りましょう。アウトプットの練習を繰り返しましょう。あえて「繰り返す」と書いたのには訳があります。挫折しやすいからです。

英語のスピーキングを例に取りましょう。下手なうちから話すので、「発音がひどい」「聞こえない」ならまだしも、「何を言ってるかさっぱりわからない」などといった罵声を浴びます。僕は英語でかいた恥の数なら、誰にも負けない自負があります。

英語を例に取りましたが、必ずしもそうである必要はありません。「話す」「書く」コミュニケーションで自分から発信する、つまりアウトプットの練習を繰り返す事が転職成功の近道だと信じます。

☑ 自分の考えを論理立てて話す
☑ 新聞のコラムを100字以内に要約する

☑ 聞いたニュースに対する自分の意見を述べる

こういった練習が、会話不足でも面接力を鍛える礎になります。
3-3-2項でも書いた、喋る練習では「録音」も効果的です。

この項に書いた事は、実行が難しいです。馬鹿にされますし、
恥ずかしいし、凹むし。
ある意味、職を失って精神的に落ち込んでいる今だからこそで
きる荒療治かも知れません。

「英語で間違えるのが恥ずかしい」と白状して、僕に英語上達
の秘訣を聞いて下さったある方に対する、僕の辛辣なフィード
バックでこの項を締めます。
「○○さん、自意識過剰です。皆あなたの事はそんなに気にし
ていない。誰もあなたに正確な英語など求めていない。どんど
ん話して、どんどん間違えましょう。上達の道は、他にありま
せん」

3-3-4　笑顔の練習をする 笑顔は最高の武器

「バカバカしい」と思ってこの項を読み飛ばそうとしたあなた。
むしろ他の項目はすべて読み飛ばしていただいても良いほど、
私はこの項が最も大切だと思っている事を強調しましょう。ど
うかこの項だけは読んで下さい、著者として切にお願いします。
ここでも、あなたの相手となる志望先の将来の上司、人事担当

者の立場になって考えてみましょう。どんな人が欲しいでしょうか。

募集する案件ごとに要求する技能はそれぞれなのでそこは割愛するとして、「見てくれ」で考えてみましょう。

仏頂面の有能な人と、笑顔の能力未知の人。

世の中がどれだけ進歩しても、合格する事が難しいどんな資格を取得しても、人間がしていた仕事を人工知能などが取って代わっても、いかなる仕事も結局は人と人です。面接は「あいつと仕事したい」と相手に思わせれば勝ち、そうでなければ切って捨てられます。それだけの話です。

求職活動中は、仕事をしている時よりも人と会う・話す機会が限られます。一人でいる時間が増えるでしょう。表情筋を動かすチャンスが減ります。こうなると笑顔を作りにくくなるので、トイレで用を足した後、鏡で自分の表情を見て下さい。「この人と仕事をしたい」と思える表情を、あなたはしていますか？

笑顔を馬鹿にしてはいけません。これを私はさまざまな体験から身に染みて知っています。だからこそ強調します。笑顔の威力を、あなたにも知っていただきたい。

朝晩3分、勝負面接の直前には近くのトイレの鏡の前で、口角を思いっっっ切り上げて飛びっきりの笑顔を作りましょう。

英語という言語は、笑顔で口角が上がっているときれいに話せる・発音できるようになっている言語です。

幸運を祈ります。

3-3-5　お腹から声を出す 自信が感じられる秘訣

これから控える面接であなたを成功に導くと僕が信じて疑わない秘訣。それは、「お腹から声を出す」です。なぜでしょうか。ズバリ「自信が感じられる」からです。

今日一日、あなたの周りの人がどんな声を出しているかに注意を払い、耳を澄ませて聞いてみて下さい。僕はトーストマスターズでスピーチの練習をしているのでよくわかりますが、例外なく「お腹から声を出す」人の話に、説得力や自信を感じます。かん高い声、素っ頓狂な声は、どこか浮ついた印象を相手に与えてしまいます。

お腹からの声は喉だけでは出せません、腹に力を入れて初めて出せます。

面接は交渉です。あなたという人を採用してもらうために、今目の前にいる人を口説き落とす。その交渉です。その交渉で自信なさそうな声を出したら、結果は見えますね。

お腹から声を出すコツは、「意識」これだけです。背筋を伸ばしてあごを引き口を閉じる。その状態から落ち着いて声を出せば、必ず以前のあなたより聞こえやすい声が出ています。

子供っぽさより大人。チャラけた感じより落ち着き。チンピラ風でなく紳士淑女。

お腹からの声は、そんな良い印象を与えます。

3-3-6　あなたは常に見られている
　　　丸裸にされてもいいように振る舞う

あなたが応募した会社の人事部長は、SNSであなたのアカウントをチェックしています。これはまず間違いありません。だって、それがその人となりを知る一番良い方法ですから。

あなたは自分の名前をGoogleで検索した事はありますか？趣味や学術や仕事の成果がある人ならまずそれらがヒットし、続いてヒットするのは大半の人がFacebookアカウントでしょう。この数年で我々個人のネット意識を劇的に変化させたこのSNSは、使い方にもその人の個性が反映される興味深さもありますが、それ以上にその人の"本音"が垣間見えます。ここに建前を投稿する人を、僕は知りません。少なくとも、今日僕が持つ800名超のFacebookでつながった友人には。

- ☑　あまり物事を考えずに１日複数回つぶやきをアップする人
- ☑　個人事業主で自身の名刺代わりに宣伝ツール代わりにして、蘊蓄の深い書き込みをアップする人
- ☑　自分では何も書き込まず他人の投稿にコメントするだけにとどめる人
- ☑　Line代わりに世界中の友人との連絡手段に使う人

このように、SNSの使い方は百人百様です。これは何を意味するでしょう。取りも直さず、他人はあなたの投稿からあなた

の人となりを判断します。誰かがあなたの投稿を不愉快に感じればフォローをやめるでしょうし、時にはUnfriend（友達関係を切られる事）されるでしょう。上司に自分から友達申請して、人事査定で説教じみた事を言われたら即刻Unfriendした、そのような未成熟な人も実際います。

SNSの投稿は慎重にしましょう。閲覧を友人限定にしていたところで、どこで誰が見ているかわかりはしません。面接相手は徹底的に調べあげて丸裸にしましょう、と書きましたが、あなた自身も丸裸にされる立場にあります。そうなってもいいように振る舞う、「あなたは常に見られている」くらいの意識でちょうど良いでしょう。その意識を365日24時間持ち続ける事です。今はそういう時代です。

3-3-7　自分を他者と「差別化」する

何としても得たい職が目の前に。この面接を突破すれば手にできる。そんな時に考えるべき事は、"自分を他者と「差別化」する"、これに尽きます。「目立つ」と言い換えても良いです。候補者はあなたの他にもいるでしょう。その人を蹴落として、自分が最も相手が求めるポジションにふさわしい人物である、と思わせて初めてあなたは勝利できます。

「差別化」するイコール大勢と違う事をする、「個性的」と言い換えても良いでしょう。他の項でも書いたように、同一性協調性が求められる日本の学校教育・組織ではこのような異質な

キャラクターは嫌われます。けれど、例えば英米のMBA（経営学修士）入試の論文で求められるのは、やはりあなたの「差別化」です。

自分を差別化するにはどうすれば良いでしょう。簡単です、人と違う事をする、これに尽きます。僕が心がけているのは以下のような事です。理由も書きましょう。

☑ **テレビを見ずに本・新聞を読む**

どこかで読んだのですが、学業成績の良い小学生の家庭では、テレビの"ついている"時間が短い、という統計があるそうです。特に朝など時計代わりにテレビをつけっぱなしにする習慣を持つ人がいますが、そこから受動的に得る情報は考える力を削ぎます。どう「差別化」するか、に正解はありません。質量共にあればあるだけ良い資質です（少なくとも得たいポジションに就くためには）。「考え抜く」ために必要なのはその環境、これが静かである方が良いのは自明の理でしょう。

☑ **行列には並ばない**

「行列に並ぶ」という事は、その前後の人と同じ行動を取っている事に他なりません。私は極力これを避けます。人と人のいさかいは、身体の接触により起きます。満員電車もしかり。このような環境をなるべく避けるように行動します。

☑ 早朝に活動する

いつの頃からか僕は朝型人間になりましたが、常々不思議に思っている事があります。それは、「多くの人間の活動は昼間に始まって夜間に終わる」というもの、つまり例えば小売店の営業も我々の仕事の多くは明るくなってから始まり、暗くなってから終わります。多くの人が起きるのは夜が明けた後明るくなってからですし、寝るのは日が暮れて暗くなってから。「夜明けから多くの人の活動が始まるまで」すなわち早朝の時間帯は、活動する人が少ない貴重な時間で「何かしなければもったいない」といつも感じます。

真冬の週末を除いて、僕が走るのは早朝です。明るい、空気が澄んでいる、道が空いている、といい事だらけ。走るだけではなく、この時間は「静か」なので、物事を考えるのにも向いています。起きた直後なので頭も冴えていて、良いアイデアもどんどん浮かびます。

いずれも些細な事ですが、自分を少しでも他者と「差別化」するのは、こういう事だと信じます。このような事の繰り返しが、面接時の何気ない質問に対する「おっ、コイツ違うな」と思わせる独特の回答を生み出し、あなたという人を際立たせます。更に、「空いている時間に活動する」事によりネガティブで無用なストレスがたまる事もありません。

ありとあらゆる場面で自分を他者と「差別化」しましょう。

3-3-8　面接直前の準備 心の中でリハーサル

今日はいよいよ面接。こんな風に準備したらきっと成功する、と僕が信じる方法を書きます。

① **1時間は余裕を持つ**

面接は心理の格闘技です。時間にそして精神的に余裕を持つと好結果が生まれると信じます。

1時間くらい前にはいつでも訪問できるほど時間には余裕を持ち、カフェなどで心を落ち着けると良いでしょう。

こう聞かれたらこう答える。既に紹介した項目で準備した事をおさらいします。

② **スマホは見ない**

面接の準備に集中しましょう。今あなたがなすべき事は、何ですか。

面接時に携帯電話の電源を切るのは言うまでもない事ですが、これを面接1時間前からしましょう。

次項で紹介する「振り返り」が終わるまで電源を切ったままにしておくと、あなたは自分をコントロールできています。

③ **鏡の前で笑顔の練習**

カフェを出ていざ出陣、の前に用を足して身だしなみチェック。そこでもう一つ、笑顔も練習しておきましょう。

面接先のビルでこれをしていると、フロアが違っても面接相手に会う可能性があるので、これをするのは隣のビルのトイレが良いでしょう。

更に、「君は成功する」「面接は必ずうまく行く」なんて暗示をかけるものグー。

あとはベストを尽くして下さい。幸運を祈ります。あなたなら大丈夫。

3-4

面接本番
これだけ準備したら
あなたは無敵

3-4-1　面接の心構え① 過去と決別する
「私はこうしたい」を明確に

大変難しい事ですが、ここに書いた事を守れば、あなたは「過去と決別」できます。

転職面接では必ず「どうしてあなたは前の会社を辞めたのですか？」と聞かれます。類似の本にも必ず書かれていますが、大切な事は「前職を悪く言わない」これに尽きます。

口車に乗せられて、誘導的な質問に乗せられてついつい前職の、前のボスの悪口を言ってしまう。こは「過去と決別」できていない人がしばしば犯す失敗です。それが事実であっても、あなたの過去のネガティブな話など誰も聞きたくはありません。時間の無駄です。

ではどう答えれば良いか。コツは、「はぐらかす」「<u>無生物</u>を主語にする」です。

「退職勧奨されたのですが、理由は理解できませんでした」「<u>私の信念</u>と会社の方針に齟齬があったようです」というように。

「どうして辞めたのですか」という質問には、あなたが新しく就くポジションで難しい局面に出くわした時、どう対処するか

を試されている、と言えましょう。ここで「上司のせい」「社内〇〇部門のせい」「顧客のせい」など稚拙な発言をしてしまうようでは、新しい文化の新しい組織で如才なく業務をこなす事はおぼつきません。

将来新しい仕事に就けば否応なく感じる事になりますが、最初に働いた場所での常識や働き方、不文律の影響はものすごく大きいものです。2社目に行って「あれ？」と思った"1社目では当然だった事"が、思いの外たくさんあるものです。でも、そこであなたが「前の会社ではこうだった」などと発言すれば、「こいつはアホか」と思われるのが関の山です。
目的が明確で、その目的を達成するのに今あるやり方が不合理だと考えれば、改善策を論理的建設的に、冷静に提案すれば良いのです。

過去とは決別しましょう。「私はこうしたい」を明確にしましょう。

3-4-2　面接の心構え② 基本スキル編
　　　　見落とされがちな厳選Tips

面接の連絡が来ました。相手は間違いなくあなたに興味を持っています。
想定質問に対する回答をどう準備するか、などのテクニックは次項以降に譲るとして、この項で紹介するのはスキルです。ご

自身で「それは自信がある」と思う方は、読み飛ばしていただいても構いません。

この本は、経験者が再就職先を探す事を目的としたもので、大学新卒者のリクルート本ではありません。なので、社会人としての基本スキルは身に着いているとの前提に立ち、私が自身の経験あるいはネットワークから得た成功失敗例から聞き取り構築した、**見落とされがちな基本スキルを厳選して**紹介します。

☑ **リラックスする**

　3-3-4項で"笑顔の練習をする"をアドバイスしました。面接は緊張して当然ですが、最小限にとどめたいものです。そのためにはリラックス。「そんな事できるかい」と思ったあなた、まぁまぁ。「リラックスする」と喋るだけで喋る前よりはリラックスできます。

☑ **「対等の勝負」と心得る**

　相手は採用する側、あなたは採用される側、普通に考えれば力関係は相手が上です。しかし、採用活動を後から振り返って「大成功だった、申し分のない人に来てもらえた」と結論づけられる例はそう多くなく、多くの場合"欠けているピースは早く欲しい"との意識が採用する側に働き、多少「この候補者は力不足かな」と思っても踏ん切りをつけて採用する例はとても多いのです。そのように考えれば、力関係は対等、場合によってはあなたが上かも知れません。対等の勝負ですから、多かれ少なかれ駆け引きになります。

あなたは、自分が募集しているポジションの仕事をこれからこなす最高の人物である事をアピールします。

☑ 質問には具体的に回答する

ここも詳細は次項以降に譲りますが、相手の質問には具体的に回答しましょう。オープンクエスチョンなら、何を聞かれているのかをよく考える。クロースドクエスチョンなら、まず「はい」か「いいえ」。ありがちな失敗は「喋り過ぎる」ですが、相手の質問を遮らずに最後までよく聞いて、終わったら一拍考えれば、この失敗は避けられるでしょう。

3-4-3　面接の心構え③
オーソドックスな質問に対する
回答を準備する リハーサルしましょう

次は具体的な質問対策です。オーソドックスな質問は以下が考えられます。

☑ どうして前の仕事を辞めたのですか
☑ あなたが誇れるスキル・長所は何ですか
☑ 逆に、あなたの短所は何ですか
☑ 実際の仕事で○○な場面に出くわした場合、あなたはどうしますか
☑ あなたが持つ優れていると思う資質は何ですか

☑ あなたを採用したら、私達はどんなメリットが得られます
  か

☑ あなたがこのポジションで仕事をするのに最もふさわしい
  人物である事を、1分間で説明して下さい

回答に王道はありません。但し準備は抜かりなく、あなたが納
得でき自信が得られるまでしましょう。私がお勧めする準備は、
「家族や友人、あなたの味方を利用して質問してもらい、面接
のリハーサルをする」です。
上述の質問に対するあなたの回答を聞いてもらい、フィード
バックをもらうのです。そのフィードバックを活かして何度も
練習し準備して下さい。

3-4-4　面接の心構え④
　　　意地悪な質問に対する回答を準備する
　　　余裕を見せれば相手はひるむ

次は意地悪な質問の準備です。気が進まない、ムシャクシャす
る事ではありますが、実際聞かれる可能性は間違いなくあるの
ですから仕方ありません。箸にも棒にもかからない候補者に意
地悪な質問はしません。あなたを、見込みのある人だと考えて
いるからこそ「ちょっとひねった質問をして試してみよう」と
思われているのです。つまり、あなたは優位に立っています。
そんな心の余裕を持って（なかなか難しいのは承知です、でも
心がけだけでも）、こんな心構えで臨みましょう。

基本戦略は「はぐらかす」です。②で紹介したオーソドックスな質問に対する回答とは、正反対と言って良いでしょう。

この種の質問は代表例と言えるものがなく、面接者の"意地悪"度合いによりいろいろなものが考えられますが、私が経験した質問と、うまく切り抜けたと自負している回答を紹介します。

Q1:　明らかに間違った行動をする部下にその行動を変えて欲しい時、あなたどうしますか

A1:　（しばし考えて）その行動を取る目的を尋ねます。そのうえで、変えて欲しいと一方的に迫るのではなく、話し合ってこれから取る行動に合意します

Q2:　上司の上司にあたる日本人社長と、ドットラインでレポートするアジアのプレジデントの指示に齟齬がある場合、どちらを優先しますか

A2:　自分が"従いたくない"と思った指示を出した人と、直接または電話で話します。「一方からはこんな指示が来ている。〇〇の理由で僕はそうするのが良いと思う、なので、あなたの指示とは異なる。それで良いか」と。合意した内容を、電話をした人にToで、もう一人にccでメールし、自分が取る行動を明示します

回答に王道はありません。但し準備は抜かりなく、あなたが納得でき自信が得られるまでしましょう。私がお勧めする準備は、「家族や友人、あなたの味方を利用して質問してもらい、面接

のリハーサルをする」です。

上述の質問に対するあなたの回答を聞いてもらい、フィードバックをもらうのです。そのフィードバックを活かして何度も練習し準備して下さい。

余裕を見せれば相手はひるみます。そうなれば、相手はあなたに怖ささえ感じるでしょう。

3-4-5　自己PR

3-2-3項で紹介した僕の職務経歴書の末尾に、以下の記載があります。

Physical Health, Career, Study & Mastery, Relationships, Finances & Wealth, Contribution.
These are the 6 key elements to life.
I have made it my personal goal to work on and improve each of these elements daily.

3度目の転職活動で、あるネイティブの友人に職務経歴書のブラッシュアップをお願いし、彼のアドバイスで入れた記述でしたが、これが大変効果的でした。面接で一通りビジネスの質問をされた後、大抵相手は「By the way」と言って前かがみになって、この記述に関する質問を僕にして来ました。聞かれたこちらも好きな事得意な事ですから、スラスラ喋る事ができ、話も弾みます。

職務経歴書サンプル②の方の転職指南をした際、彼女の経歴書にも同じような記述の追加を勧めましたが、彼女からは何度も「こんな事を書いてしまっていいんですか」と聞かれました。書けばいい、できる自己PRはどんどんすれば良いのです。

僕が今働いている会社はCEOがランニング好きで、年1回本社近くのマラソン大会に多くの社員を送り込んでスポンサーになっています。日本にも数多くありますよね、このようなCSR活動に力を入れる会社は。事業部対抗で参加者や完走率を競う仕組みもあり、「ポイントゲッター」の僕ははるばる日本から2年連続で招待されました。

仕事以外でもあなたのスキル特技の何が相手の琴線に触れるかはわかりません、偶然です。どんどん自己PRしましょう。積極性があなたの採用確率を高めます。

3-4-6　英語面接はこう切り抜ける①
　　　　笑顔と勢いと論理性

ズバリ成功の秘訣は、「笑顔と勢いと論理性」です。

僕は米国系外資系での勤務が24年と長く、欧州系の経験は直近4年と少ないのでそちらの文化は少々違うかも知れません。けれど、きっと基本は同じだと信じてやみません。

まず、巷で評判の高い上質な英会話学校に行って疑似面接体験の特訓授業をカスタマイズしてもらいましょう。予想される質問を事前に提出し、面談相手と同じ国出身の講師とのマンツー

マンレッスンを依頼し発音に慣れる。授業の録音は必須です。毎回の録音は事後に最低1回は聞き、自分の喋りがどう聞こえるかに注意を払い、直すべきところは直します。

更に、面接にこぎつけた案件を世話してくれた転職エージェントに、面接のリハーサルを依頼しましょう。3-1-5項にも書きましたが、あなたがそのポジションに就く事を転職エージェントも望んでいます、つまりは利害が完全に一致しているのです。なので、一生懸命にリハーサルをアレンジしてくれる事でしょう。

こうしてできる限りの準備をして臨む本番の英語面接。

秘訣の1番目は、笑顔。初対面が重要です。相手がドアから入って来た瞬間、あなたが部屋に入って初めて顔を合わせた瞬間、どのようなケースでも立ち上がって笑顔で相手の名前（いきなりファーストネームは馴れ馴れしいので、Mr.（Ms.、Dr.）ラストネーム）を呼び、今日の面接に時間を割いてくれた事に感謝の意を伝えます。

秘訣の2番目は、勢い。極論を言えば、あなたがどんなに有能な人でもまたそうではなくても、あなたの仕事ぶりが面談相手のお気に召すかどうか、は後にならないと（あなたが入社してみないと）わかりません。なので、「あなたをいかに有能でコミュニケーションの取りやすい人物に見せるか」がカギです。具体的な対策はいたって簡単（言うのは）、相手の質問に、結論第一で答えその後に理由や背景を述べる。よく言われる「英語の話法」で話す事です。決して日本語の"起承転結"的な悠

長な話し方をしてはいけません。会話はキャッチボール、勢い
よくリズムよくポンポン、と。

秘訣の3番目は、論理性。欧米人と日本人の違いは、「なぜ、
どうして」を考えるか、否か。目的ゴールがあってそれを達成
するための手段を考える欧米人の思考回路は、プロセスや合意
を重視する日本人のそれとまったく異なります。従って、予想
される質問の回答を用意するのはもちろん、その回答に「なぜ
そう思うのですか？」と更に突っ込みを入れられた時に「○○
だから」の答えを用意しましょう。予期せぬ質問をされて、如
才ない答えを即効で英語で答えられる人など、まずいやしませ
ん。

本音と建前を使い分ける日本人と異なり、欧米人は顔色目の色
表情で別れ際の挨拶で、この先あなたと仕事をしたがっている
かどうか、がわかります。仮に「落とされるな」と思っても狭
い世の中面接した人と将来どこかで会うかも知れません。笑顔
で別れて良い印象を残しましょう。

3-4-7　英語面接はこう切り抜ける②
　　　　　　エグゼクティブとの面接

英語での面接だと相手はほぼエグゼクティブ、という事になる
のですが、グーグルで検索して写真が出てくるほど公の場でも
スピーチ・プレゼンテーションをしている人と面接をする場合、
以下の事も気に留めておいて損はないでしょう。

☑ ググるとスピーチの動画を見られる相手の場合、繰り返し使っている言葉、着用しているスーツやネクタイから推察される好みなどを事前に研究し、「言葉を合わせる」。よく似た色のスーツ・ネクタイを持っていたら、迷わずそれを着て本番に。印象50％アップ間違いなし

☑ シンプルな事前の心構えが大切。モットーを暗誦できる3項目くらいに絞り、直前はつぶやいて頭に叩き込む。僕がある場面で使ったのは、Smile, Positive and Confidence.

☑ 想定質問はできるだけたくさん考えて、回答も用意する。多くは実際に聞かれず必要ないが、「これだけ用意した」との自信が、面接の場では余裕の源泉になる

☑ アイコンタクトは絶対に自分から外さない。何があっても相手を見つめる。目を見つめるのが辛くなったら、おでこや口元などほんの少し視線をずらせば良い、相手はアイコンタクトを保っているように見える。但し、笑顔は忘れずに。怖い顔で目線を外さないと、ただのガンたれ小僧になります

3-5　面接振り返り

3-5-1　面接直後の振り返り①
失敗編 事実ベースで振り返る

面接のすべてがうまく行く事は稀でしょう。必ず反省点はある
もの。この項目では失敗の振り返り方をまとめます。

人間同士どうしても相性がありますから、最初から最後まで話
が噛み合わない、相手を「こいつムカつくな〜」と思う事も稀
にはあるでしょう。
そんな失敗の振り返りですが、

☑ 面接をできるだけ思い出し克明に記録する（感じた事では
　なく、相手と自分が何を言ったか）
☑ できれば、他人に出せる報告書にまとめる
☑ 終わったら、きれいさっぱり忘れる、前を向く（次の事を
　考える）

振り返りは記憶の鮮明なうちにしましょう。かと言って、面接
した会社の近くはNG、誰に会うかわかりません。落ち着いた

場所でしたいのなら、2駅は電車に乗り、面接した場所を離れましょう。

それと、失敗したと思っても自分を決して責めないで下さい。繰り返しますが人間同士相性があります。あなたに合わない人は必ずいます。

失敗したと思うところからいろいろ反省点を探り出すべきですが、

☑ 感情的になったらNG
☑ ずっと笑顔だったらOK

簡単ですね。
一通り振り返りをしたら、くどいようですが

☑ 終わったら、きれいさっぱり忘れる、前を向く（次の事を考える）

これに尽きます。もしも次の面接に来て、との通過通知ならラッキー、不合格通知でも「次の成功のために場数を踏んだ」と思いましょう。
Good Luck！

3-5-2　面接直後の振り返り② 成功編
なぜ成功したのかを冷静に考えよう

次はうまくできたと思う事の振り返りです。実はここにはあなたがこの先も長い職業人生を歩んでいくうえで欠かせない大切なヒントが隠されています。

成功した面接では、必ず話が「弾んで」います。なぜそうなったのでしょうか。

"レコグニション"という言葉が僕の頭には浮かびます。"認める"という意味です。これの対義語は"無視"、いじめですね。成功した面接で、たぶんあなたは褒められています。"レコグニション"されています。あなたの話の内容が相手の心をつかみ、「この人と仕事をしたい」と思わせたのです。

何度か書いていますが、世の中の物事はすべて表裏一体です。長所も見方を変えれば短所、その逆もあります。でも、その一つ一つのあなたの資質が、「面接相手の価値観に合う」と思わせなければあなたの採用は、再就職はありません。

どうしてこの面接はうまく行ったのか。思うところを書き出しましょう。あなたの主観で構いません。それ以外に書きようがないですから。

☑　予期せぬ質問に、思いの外ソツなく答えられた

☑　正直に自己開示できた

☑　自分の信念を熱意を持って話せた

僕が転職面接で書き留めたメモは、こんなところです。そして
これらはそのまま、「会話やスピーチで相手の心に響く要素」
でもあるのです。

成功した事は、よく振り返りをしましょう。そして、次の面接、
将来の商談でもここでうまく行った時同様自分のペースに持ち
込めれば、あなたはきっと輝いています。

3-5-3 「リファレンス」をお願いする人の選び方 あなたの仕事ぶりを 評価してくれた人は誰？

あなたの志望先企業があなたの採用を"ほぼ"決めた際に転職
エージェントは「リファレンスを取る」という作業をします。
耳慣れない、という方のために説明しましょう。

わかりやすく言うと、「あなたの仕事ぶりを、保障してくれる
人から話を聞く」という事です。この作業をして「候補者の採
用をクライアント企業に推薦して大丈夫」と確信すれば転職
エージェントは給与などの条件交渉に入り、そうでなければご
破算になるかも、という事です。

もっとわかりやすくするために、仮の話をしましょう。あなた
に強力なブレーンがいて、履歴書は完ぺきなものを作成できた。
面接をソツなくこなす専属アドバイザーもいて、その指南の甲
斐がありトントン拍子に間もなく採用。但し、実は「履歴書と
面接」のみを超ソツなくこなすプロフェショナルで、仕事の遂

行能力は実は著しく低い。

こんな人を採用した企業は、たまったものではありません。このような事がないように「実際にあなたの仕事ぶりをよく知る人をあなたから紹介」して、ヘッドハンターがその人にコンタクトを取る。この一連のプロセス、これが「リファレンスを取る」という事です。

一定以上のポジションの場合、特に外資系では、この「リファレンスを取る」という作業が必ずあります。これは、ヘッドハンターから候補者であるあなたに、「リファレンスを取るからあなたと仕事をした事がある人を紹介して」と依頼されます。

多くて3人、少なくて1人。誰に依頼するのが良いでしょうか。簡単です。あなたが「好きな人」です。あなたが好きな人なら、相手もほとんどあなたが好きです。また、好きな人ならこれまで会っている頻度も高いでしょう。より良くあなたを知っている事になります。

僕が2社目から3社目に移る際リファレンスをお願いしたのは、2社目で僕を採用した直属上司と、やはり2社目でいくつかのプロジェクトで協働したある事業部長さんでした。後者の事業部長さんは、少々異端な僕の仕事ぶりを高く評価してくれ、何度かサシで飲んでいたのです。飲めば信念を語り、ますます意気投合、そんな不思議な関係でした。

リファレンスを頼む人は、あなたが決めます。なので、あなたに有利な、あなたの味方を選びましょう。

聡明なあなたはもう気がつきましたね。そう、「リファレン

ス」とは、あなたの過去の仕事ぶりをある人が評価する事です。なので、いついかなる時でも与えられた仕事には全力で真摯に取り組み、まかり間違っても不貞腐れるような事があってはなりません。この本は転職指南書ですが、良い転職先が見つかるかどうか、はあなたのこれまでの仕事ぶりにかかっているのです。外資系で良い転職先を見つけるには、普段から務めてオープンな、裏表のない仕事ぶりが求められる、という訳です。

3-5-4　給与交渉

僕は3回転職をしていますが、その経験から確信を持って言える事があります。それは、

給料が一番上がるのは転職する時

です。
努力が実って、新しい職が得られそうになりました。あるいは、その前からヘッドハンターを通じて「希望給与額はいくらか」と聞かれているかも知れません。
どのように交渉するのが良いでしょうか。

"求職者の目線"で書いた転職指南書であるこの本は、ヘッドハンターや転職エージェントとは一味違う事を書きます。それは……

"給与額の最初のオファーは、必ず相手にさせる"

これに尽きます。換言すると、
希望額をあなたから言っては絶対にダメ
という事です。

考えてもみて下さい。
"年収○円欲しい"と言ったあなたの仕事ぶりが、少しでも雇い主・上司のお眼鏡に叶わなかった時、その人の不満は間違いなく増幅します。
でも、あなたの給与額を提示したのが上司なら、「期待しすぎたのかな」と自責の念に駆られます。
今の給与を事実として伝える。
複数社応募していて他社から先にオファーがあった場合、その額を伝える。

これはOKです。
しかし、"○円欲しい"と希望額を伝えるのは絶対NG、その会社に入ってからあなたが不利になる事間違いなしです。

給与額は相手に提示させましょう。必ず、です。

第 **4** 章

新天地での過ごし方
これからが本当のスタート

4-1

再就職はスタートライン
鍵は「笑顔と勢い」

再就職が決まりました、おめでとうございます。

当たり前すぎるほど当たり前の事ですが、同時に最も大切だと思う事なので、敢えて項目を立てて書きます。

再就職はスタートラインです。ゴールではありません。

「どんな人が来るのだろう」「期待するパフォーマンスは出せるのか」といった色眼鏡で、新天地での多くの人（あなたの採用に関わらなかった人）は見ます。

ビビる必要はありません。英語面接の項で書いた「笑顔と勢い」で乗り切りましょう。

ゴールだと思って手綱を緩めたい気持ちは、痛いほどわかります。そんなあなたに冷静に事実を。3か月間、長い人では6か月間は「試用期間」です。知っていますよね。この期間中に粗相を起こせば、間違いなくあなたは即刻クビです。試用期間中でない社員ならクビにならない事例でも。

スタートラインに立ったあなたが持つべき心構え、それは「素直さ」でしょう。もちろん理不尽な・おかしな事を受け入れる必要はありませんが、組織の新参者はそれにふさわしい態度で

（年齢は置いといて）溶け込みましょう。

組織になじむ良い方法は、ベタですが、やはり酒席、食事の席です。飲食の場面ではたいていの人が本音を話します。あなたは当面黙って相手の話を聞きましょう。

スタートラインに立って、素直な気持ちですべての事を吸収する。守破離の「破」は半年経ってからで良いでしょう。

新天地での「わからない事」は当日解決する わからなくて当たり前

めでたく新しい仕事につきました。ヤル気満々です。

しかし、そこはあなたが前にいた会社とは違って当然。特に「暗黙知」と呼ばれるものは厄介ですが、それ以外にも日常会話で「？」と思う場面にしばしば出くわす筈です。

そんな「わからない事」は、どんどん聞きましょう。年齢もキャリアも積んでいるあなたが「こんな事聞いていいのか？」と判断に迷う場合の基準は、以下です。

① その会社独特の事
② 事を決めるべき立場にある人はあなたではないが、あなたが知っていると有益な事

①②共にあてはまれば、迷わず聞くべきです。相手は、「あなたの採用を決定した人」（たいていの場合、あなたの上司）が良いでしょう。そうでないと、彼の顔をつぶす事になりかねません。

厄介なのは、

③　事を決めるべき立場にある人があなた

のケースです。自分が当事者なのに、「わからない」場面に出くわした。人に聞いたら「それはあなたの仕事でしょう」と言われかねない。この場合、僕なら「僕はこう思います・このようにしたいと思いますがどうですか」と上司に聞きます。この件に関わらず、仕事で上司に相談する時の基本形ですね。

いずれにしろ大切なのは、「疑問はすぐ解決する」事です。なぜか、簡単です。「わからない」事に2度目に出くわすと1度目より格段に聞きづらくなり、その後知らない事がバレると大恥をかく可能性があるからです。

この原稿を書いている僕は今54歳、社会人29年目ですが、割と何でも人に質問する方です。外資系でのキャリアが長いせいか、「How」「Why」が多いのも特徴です。お役所では嫌がられるタイプですね。
そんな僕だから言えますが、「こいつ、こんな事も知らないのか」というネガティブな反応と、「しょーがないなぁ、教えてあげるよ」というポジティブな反応。長い目で見ると、後者のポジティブな反応が多いように思います。

聞くは一時の恥。聞かぬは一生の恥。
この諺、リタイアするまで（キャリアを積んでも）あり、だと僕は思います。

前職の事は聞かれたら話す
あなたの評判を一瞬で落とす

勤め人となって最初に勤務した場所で（好むと好まざるとに関わらず）身に着いた常識は、良くも悪くもあなたのその後の職業人生にとても大きな影響を与えます。

「企業とは何か」「働くとはどういう事か」予備知識がほとんどない若かったあなたが体験し覚えた多くの事は、大袈裟に言えば骨の髄まであなたの身体に染み込んでいます。例えば……

☑ Eメールの配信先は社内と社外を混同しない

というルールを僕は大学新卒で19年勤めた会社で刷り込まれましたが、2社目入社2か月で破りました。自社海外工場―自分（担当者）―顧客、なる商流の案件があった場合、顧客が奥ゆかしい日本の文化を持った企業の場合、自分に遠慮して海外工場に直接メールを送ったりしません。すべて自分に頼んできます。海外工場の使用言語は英語です。従って、顧客の依頼を英語にして自社限定で問い合わせた場合、得られた回答を再度日本語にして顧客に回答する必要が生じます。

顧客に見せたくない本音を社内でのみコミュニケーションする場合はこれでも良いですが、契約内容や業務内容の明確化を目

的とした事実ベースのみを問い合わせるメールの場合、海外工場への問い合わせメールの写しに顧客を入れておけば、海外工場がReply to allでそのメールに回答してくれればそこで問い合わせの回答は終わり。僕に追加業務は発生しません。この方が断然自分の業務は楽です。

すべての物事には表裏が、長所短所があります。しかしながら、このように長年染みついた習慣を打破するのはとても居心地の悪い、どこか落ち着かないものでした。

もう一つ例を挙げましょう。

☑ 自社→直接顧客→間接顧客、なる商流の案件があった場合、意思決定者が間接顧客である場合、自社は間接顧客に営業をかける

お金を直接いただく直接顧客ではなくても、価値の源泉となる仕様や規格を決定する意思決定者が間接顧客である場合、欧米ではその間接顧客に営業する事はごく一般的です。しかし、ここ日本では「直接顧客の機嫌を損ねる」という意味がよくわからない理由を盾に、間接顧客にコンタクトしない例が大半です。ここでこの例を挙げたのは、僕が2社目を辞めるきっかけとなった事例がこのケースだったためです。守秘義務があるので詳細は割愛しますが、僕と間接顧客の利害が一致したため僕が間接顧客に依頼して直接顧客に出したある指示が直接顧客を憤慨させ、そのような仕事の仕方が根づいていない周りの人間

があたふたしていたのをよく覚えています。このやり方は、僕が1社目で学び「合理的だな」と納得したうえで今も実践している営業方法です。

前置きが長くなりました。この2つの例は、「前の会社ではこうやっていました」とつい言ってしまいそうになる典型的な事例です。しかし、これは決して自分から言ってはいけません。それは、①あなたは新しい組織では職位が高くても在籍期間では"新人"である事、そしてもっと大切な理由、②あなたがいた前社のルールなど新しい組織ではどうでも良いからです。
いろいろな場面で「前の会社ではどうしていましたか？」と聞かれる事があるかも知れません。もちろんその場面では答えても良いのですが、必要最小限に事実だけを話しましょう。あまり長ったらしく講釈をたれない事です。

あなたが今いるのは（あるいはこれからお世話になるのは）新しい会社です。前社ではありません。

前の会社がいかにネームバリューのある立派な企業でも、そこを飛び出した（厳しい言い方をするなら、つまみ出された）あなたは、もはやその企業の人ではありません。

自分が得意な事を見つける 「場」を模索する 行動あるのみ

あなたの長所は、得意な事は何ですか。

思えばこの質問は、学生が新卒採用面接を受ける時に向き合い、深く考える質問です。自分の長所は、得意な事は何か。それをどうアピールするか。それをどう仕事に生かすか。

今この本を読んでいるあなた。当時の考えと今の自分、同じですか。さまざまな体験、特に失敗とそれを克服した経験を経て、自分の長所が思わぬ時に見つかったのではないでしょうか。

更にいえば、あなたの長所に気がつくのは、たいていあなたではありません。あなたをよく見ている人です。

あなたが得意な事もきっとそうです。移り気でスポーツや趣味をしばしば変える人は、思わぬ事が自分に合っていて、のめり込むからです。

例えばコミュニケーションの4つの動作、読む、話す、聞く、書く。あなたはどれが最も得意でしょうか。そしてどれが一番苦手でしょうか。

僕は5年前、ある事を通じてこれに気づきました。話す事が得意、聞く事が不得意、更に言うなら見る事観察する事は得意、

とわかったのです。

考えたのは、「長所を生かす」事です。得意な事を伸ばすのと、苦手な事の克服。どちらがその人の人生にとって大切、有益か。と考えるのではなく、どちらが楽しいか。得意な事を伸ばす方ですね、言うまでもありません。

気をつけたいのは、「楽しい」イコール「得意」が必ずあてはまる訳ではない事です。得意なスポーツのトレーニングで追い込むと誰だって苦しいように、「楽しい」事が「得意」とは限りません。わかりにくいですね、「楽しくない」事でも「得意」な事は、あるのです。

繰り返しますが、僕はこれに49歳で気がつきました。どうやって見つけたか。偶然です。

しかし、一つだけ自信を持って言える事。その偶然は、自分で積極的に作り出しました。今の自分とこうなりたい自分の差を分析し、「なりたい自分」になるためにはどうしたら良いかを考え、そのためにある場所に飛び込んで入り、結果的に自分が「得意」な事を見つけました。

家でPCやテレビを見ていても自分が得意な事は見つかりません。行動あるのみです。

自分を見込んでくれる人の
懐に飛び込む
どこにいるかわからないあなたのファン

決して「ゴマをする」のではありません。

何度か書きましたがあなたの上司はあなたを見込んだのです。

退職勧奨で1社目を離れた僕ですが、請われて職に就いた2社目3社目4社目では、人間関係のストレスが劇的に減りました。そりゃそうですよね、数多くの候補者から、上司は相性が良いと思った僕を選んだのですから。

そんな幸せな日々を送る僕が今、体験を通じて感じている事を書きます。

自分がどんなチャンスを掴むか。そのチャンスを誰が与えてくれるか。チャンスは思わぬ時に思わぬ形で舞い込みます、ほとんど必ず。

人様が与えてくれるチャンスは、あなたがどれだけ自発的に他人に関わったか、その質と量に明確に比例します。たくさん踏み出せばたくさん失敗するでしょう。たくさん傷つく事もありますし、嫌な気分になる事もたくさんある。けれども、思わぬ出会いの果報もまたあります。

話が抽象的になってしまったので、僕が体験した具体的な話をしましょう。2016年春、スピーチサークルのトーストマス

ターズでコンテストを勝ち抜いた時の事です。ここを勝てば全国大会、という場のディビジョンコンテストで惜しくも2位に敗れ僕のコンテスト挑戦は終わったのですが、練習を含めてたくさんの場所でスピーチを披露したので、これまで知己でない多くの人が僕のスピーチを聞いてくれました。何が起きたでしょう。

一言でまとめると「9割の好意的な反応と、1割の反抗的な反応」です。メッセージ性の強い、聴衆に行動を呼びかけるあまり笑いのないシリアスなスピーチだったため、「で、俺は何すりゃいいんだよ」的な喧嘩を売られるような反抗的な反応が、数は少ないのですがありました。しかしその一方で、僕の立場に共感して肩入れしてくれた多くの人が、しかも「えっ？　どうしてあなたが」と思うような人が、応援や手助けをたくさんして下さいました。

既にリタイアはしたものの、一流企業のCEOレベルだった人が僕を見込んでくれ、このスピーチを披露する場を与えて下さったり、僕の身の丈に合わないと思われるようなイベントに誘って下さいました。どう見ても、彼は僕を「見込んで」下さったのです。

ある意味恋愛に似ていますよね、このケース。「思う人には思われず」なんてフレーズがどこかにありましたよね、人間関係の引力斥力って、必ず釣り合わないものです。

自分を見込んでくれているのですから、その人の懐に飛び込もう、僕が考えた事です。

人間は、同じ時間を過ごす時間が長ければ長いほど、相手を好

きになる法則があります。

よく似た事が、あなたにもきっとある筈です。あなたの意外な面を長所ととらえそこに惚れ込む人が、意外なところにいるものです。もっと簡単に言うと、その人はあなたが大好きです。その人が大嫌いならともかく、そうでなければ懐に飛び込みましょう。思いもよらぬ付き合いや人間関係の広がりが得られるかも知れません。

嫌ならやめれば良いだけの話ですから、簡単です。

自分の信念で仕事をする
間違ったら軌道修正する

あなたは即戦力として採用されました。極論を言えば、プロセスはどうでも良いから求められる結果を出せば良いのです。

ここで思いつく事は、

☑ 「許可を求める」仕事のスタイル
☑ 黙って（半ば勝手に）やる仕事のスタイル

のどちらが良いか、という事です。

従順な社畜を求める文化の会社なら前者、自由奔放な文化の会社なら後者、が多いのでしょうが、外資系の多くはどちらかと言えば後者です。

自信満々に（見えて）若い頃から上司に伺いをあまり立てなかった僕の仕事のスタイルも後者。思えば外資で長くやって来られたのはこの自分の資質と会社の文化が近かったから、でしょう。

話を元に戻します。これからは後者の意識で仕事をしましょう、換言するなら「自分の信念で仕事をする」のです。

あなたの仕事が非定型業務だとして、求められるのはアウトプット、すなわち結果。そこにたどり着くプロセスは無限にあ

ります。無限にあるという事は、前例がないもの、イノベーティブなものがある筈です。

上司には「○○をやります」と宣言する、あるいはその時間の余裕もなければ黙って自分のしたいように仕事を進める、「○○をやっても良いですか？」と許可を求めるのではなく。僕があなたに勧めたいのは、このスタイルです。

咎められたら、予め武装した理論を述べる。それで止められたら、黙って従う、反論はしない。良かれ、と思ってした事なのですから、それで良いではありませんか。

あなたに与えられたチャレンジングな仕事、千載一遇のチャンスは前兆なくやって来ます。そのチャンスを前髪で掴むには、事前に上司や組織の許可を得ている暇はありません（もしその暇があればすれば良いだけの話です）。信念で仕事をして、事後報告すれば良いのです。但し、繰り返しになりますが理由はきちんと理論武装しましょう。

4-7

取り換えが利かない仕事をする

あなたが新しく得たポジション、いつまで仕事を続けられるでしょうか。1-3項での僕のシチュエーションのように、そのポジションは安泰ではありません、残念ながら。

しかし、「安泰に近づける」事はできます、戦略的に。

どうすれば良いでしょうか。「取り換えが利かない仕事をする」のです。具体的には……これぞ僕のノウハウ（笑）なので、開示はご容赦下さい。しかし、一言で言うならばその戦略は「あなたのファンを増やす」です。

真面目に合法的に仕事をする事はもちろんですが、戦略を考えて仕事をしましょう。

仮にあなたの上司があなたをクビにしたい場合、大半の売上を占める顧客の意志決定者やあなたの会社の人事部長が「それは困る」とあなたの上司に言ったらどうなるでしょう。

「取り換えが利かない仕事」ができるようになると、あなたが居なくなったら困る人が増えます。その「困る人」が多ければ多いほど、あなたのポジションは安泰です。

結果、あなたのエンプロイアビリティは間違いなく高まります。

4-8

外国人とのつき合い方 28年の経験から導き出した 僕の結論

一口に外国人、と言ってもいろんな国のいろんな人がいますので、一概には言えませんが、概して僕は外国人とのコミュニケーションが得意だと自負しています。

役立つ参考文献をご紹介します。

参考文献①「異文化理解力」田岡恵氏監訳　原著"CULTURE MAP"も平易な英語で読み易いです

参考文献②「ドクター・ヴァンスのビジネスプロフェッショナルが使うパワー英単語100」

僕が「外国人とのコミュニケーションが得意」と考えるのは、どうしてでしょうか。僕の英語はかなりブロークンです。でもそれは大きな問題ではなく、以下の理由ではないか、と思います。

① **何はなくとも自分から駆け寄り笑顔で力強く握手する**

"Nice to meet you"と言いながら顔がひきつっている人を見かけます。握手の握力がまったく感じられない人も残念ながらいます。

そうではないのです。嫌いな人でも「日本に来てくれてありがとう」「会えて嬉しい」と無理矢理思い込み、笑顔で

力強く握手します。面白いから笑顔になる、のではなく、笑顔でいるから面白くなる、のです。目の前の外国人との時間を有意義なものにするもしないも、大切なのは第一印象。駆け寄って抱き合うくらいの気持ちになりましょう。

② **何かして欲しい事はないか、と常に気にする**

外国人を日本に迎えた時に気にすべき事ですが、会話の最後は常に「Anything Else ?」と聞きましょう。

日本語は、ひらがなカタカナ漢字に加え音読み訓読みがあり、それが大半の外国人には表示からは読み取れないのでとても難しい言語です。サインでさえそうなのですから、日本という国は外国人には不思議な事だらけ。そんな不安を少しでもやわらげるために、目の前にあなたは最大限の「おもてなし」をしましょう。感謝されますよ。

③ **自分の意見を述べる**

概して外国人は日本人より質問が多いです。そしてその多くは、「そんな事俺に聞いてもわかるかいっ」と答えたくなるような質問です（笑）。

そんな時は、「In my opinion」と前置きし、即答しましょう。どうしても答えがわかれなければ煙に巻けば良いですが、外国人は日本というワンダーランドで不思議な事だらけです。大切なのは「何か答えてあげる」事、正しいか正しくないか、はどうでも良いのです。

④ **絶対に自分から目をそらさない**

アイコンタクトの重要性はあちこちで強調されますが、それでもできない日本人がとても多いです。

「絶対に自分から目をそらさない」と固く決心しましょう。自分に自信があるかどうか、はどちらでも良い事。問題は、相手があなたをどう見るか、です。ビジネスは信頼関係がベース、できるかどうかわからない、などと弱気な事を言うアイコンタクトをしない日本人とビジネスをしたいと思う欧米人はいません。断言します。

⑤ **別れ際も満面の笑みで見送る**

「あいつとはもう話したくない」と思う人もいるかも知れませんが、それはプロフェッショナルなビジネスでの事。人対人のやりとりでは、今後も続く関係を考え、良い印象を残しましょう。彼（彼女）が帰国してからの対応が違いますよ。

4-9

悩みの解決方法「悩む」その行為が尊い

この項目は僕の独り言、と思って下さい。ただ、ここ10年くらいずっとこんな事を考えていて、本を出す機会に是非文字にしたいと思ったので書きます。

2社目に転職して間もない頃、部下のモチベーションを如何にアップするか、に悩んだ僕は「自分のように悩む中間管理職は、この悩みをどこでどう解決しているのか？」との疑問を持つようになりました。本を読んだり、そんな本の著者の講演会に足を運んだりしましたが、ある時僕は某ビジネススクールの体験授業に足を運びました。

ここに来る人は自分を高めたい、との思いで学びに来ている訳ですが、ビジネスパーソンの自己啓発に対する意識には以下のような違いがあります。

① 業務時間外に受講を自分で決意し、費用は自腹を切る

② 業務時間外に受講を自分で決意し、費用を会社に請求する

③ 業務時間内に受講を自分で決意し、費用を会社に請求する

④ 業務時間内に会社の費用で受講を勧められ、積極的に受講する

⑤ 業務時間内に会社の費用で受講を勧められ、嫌々受講する

⑥ 業務時間内に会社の費用で受講を勧められるが、拒否する

僕が飛び込んだビジネススクールは、①が7割、②が3割くらいの割合でした。つまりは意識もアンテナも高い人達の集まりなので授業は活気に満ちていましたし、年下でも尊敬に値する素晴らしいクラスメートが何人もいて、一部の人とはつながりが今でも続き貴重なネットワークになっています。

当時の僕は、⑥のような意識を持つ部下を抱え、悩む日々を送っていました。そして、いろいろな場所に足を運ぶうちに、冒頭の疑問「自分のように悩む中間管理職は、この悩みをどこでどう解決しているのか？」が解けました。その答えは、「ほとんどの人はそのような事で悩まない」でした。実際、クラスメートの属性は起業家や外資系が多く、日本企業の人は少数でした。

自分の悩みも、ビジネススクールに行って解決した訳ではありません。できたのは、自身の業務遂行能力即ち実力をつける事でした。

悩みは飲んで吐き出すという手段もありますが、このビジネススクールで自分と同じ悩みを抱える仲間に少数とはいえ出会えた事は、ものすごく救われました。そして、このビジネススクールはいつしか僕のパワースポット、つまり「あそこに行けば元気になれる、元気をもらえる」場所になりました。

Eメールは
「誰に何をして欲しいのか」を連絡する手段
メールを読めばわかる送り手の実力

各位　で始まるメール
お疲れ様です　で始まるメール
よろしくお願いします　で終わるメール

僕が絶対に書かないメールです。

僕が社会人になった頃はEメールの黎明期でした。ファイルを添付する事などできず、一部をFaxにまだ頼っていた。その後進化したテクノロジーにより、Eメールは地球上のどこにいる人とも瞬時にコミュニケーションが取れるツールになりました。日本人以外とのコミュニケーションは、英語です。

各位　……　誰にあてたメール？

お疲れ様です／よろしくお願いします　……　英語で何て言う？

Eメールは業務の連絡手段です。「誰に何をして欲しいのか」を連絡する手段です。なので、

☑　○○までに△△をしてくれ
☑　そうしないと××な事になる

このような依頼事を、相手の立場を尊重して、そして相手と自分は同じ仕事をする同志なのだという事をわかってもらえるような丁寧な文面・書き方で依頼する。これがEメールです。

依頼ばかりではなく、連絡、報告のみで送信相手に次工程のアクションを求めないメールもあるでしょう。そんな場合でもEメールは業務の連絡手段、誰に何の連絡をするかを明確するのがプロフェッショナルです。更に言うなら、頼みごとをするのなら、それをする事により相手が享受するメリットを明確に書きましょう。「あぁ、こんなメールじゃ受け手はアクションを起こしてくれないだろうな」と瞬時にわかるメールの多くは、送り手の独りよがり、受け手のメリットが書かれていないものが多いです。

メールを読めば、その送り手の実力はわかるものです。

そして最近とみに、メール・電話・Face to faceコミュニケーションを適切に使い分けていない人が多いな、と感じます。かく言う僕も若かりし頃は値上交渉に行く勇気がなく顧客にその打診メールを送り、上司から大目玉を食らった苦い経験があります。

☑ 記録を残したいかどうか
☑ Toの人だけとコミュニケーションしたいか、複数人同時にしたいか、bccを入れたい人はいるか
☑ 時差など電話できる事に障壁があるか
☑ Good news か Bad news か
☑ 相手に会いに行けるか

☑ 読んで腹が立った（多くはお酒が入ったシチュエーションで）メールにいつどのように回答するか

☑ 報告か、連絡か、依頼か、相談か、交渉か

以上の要素を考えれば、いつメール or 電話 or Face to faceコミュニケーションをするのが良いか、は答が出ます。

「このコミュニケーションはメール以外の方が良いのにな」と思うメールが、増えていると感じます。

4-11

リーダーシップを身に着ける 「成果を出す」訓練を通じて

この項では、外資系で必要な"リーダーシップ"について書きます。あえて"外資系で"と書くのは、外資系の環境ではその必要性を嫌というほど考えさせられるからです。

僕が"リーダーシップ"に関しておぼろげに考えていた事を、ものの見事に書いた本に出くわした時、頭を鈍器で殴られたような衝撃を受けました。それは、伊賀泰代さんの「採用基準」という本です。コンサルティングファームのマッキンゼーアンドカンパニーでの採用基準に、そして日本という国全体に"リーダーシップ"が必須だ、と書かれたこの本。ベストセラーなのですが、僕と同じように読み進めていて「そうだ、そうだ！」を叫んだ人が多かったのがベストセラーになった理由でしょう。

この本では、リーダーシップは①自分で判断し②結果責任を取る覚悟を持ち③指示を出す、と定義されています。3ステップのうち、"自分で"判断する事がとにかく肝要、だと僕は思います。

☑ 上司の指示だから
☑ 顧客がそう言ったから

☑ 今までそうしたから

そんな理由でする仕事は、リーダーの仕事ではありません。
ハッキリ言います、誰でもできます。
リーダーシップを身に着けるにはどうすれば良いのでしょうか。
答えは簡単、成果を出すのです。成果とは何でしょう。多くの
場合、数字で定義される目標です。営業職で言えば、売上や利
益、あるいは獲得契約件数です。
四の五の言わずに成果を出す。それを繰り返す事でリーダー
シップは身に着きます。できない理由を探す・述べる、そんな
事をしている暇があったら成果を出すために自分ができる事を
する。言うは易し行うは難し、ですが、リーダーシップはその
ようにして身に着くものだと、僕は体感しています。
「終身雇用はリーダーシップにそぐわない制度」これも、足を
運んだ講演会で伊賀泰代さんが仰っていた、僕の頭から離れな
い言葉です。それはそうでしょう。前例主義横並び主義事なか
れ主義で仕事をしていれば定年まで勤めあげられる終身雇用で
は、成果を出す必要はないでしょう。
成果はアウトプットです。誰の目にも明らかな結果です。白黒
ハッキリしたものです。
経験が浅い人の業績はアウトプットだけではなくインプットで
も評価される事がしばしばありますが、そのような方法はハッ
キリ言って「ぬるい」です。意識の高いあなたは、上司が何と
言おうと、会社が何と言おうと、「白黒ハッキリした」結果を
出す事にこだわりましょう。これが、唯一無二のリーダーシッ

プを身に着ける方法です。

会議での振る舞い方
会議では目立て！

この項は、忘れられない僕の体験から始めましょう。僕が2社目で営業活動をしていた時、苦情処理のため訪問した顧客（一部上場の超一流企業です）での話です。

顧客側の出席者は、課長と部下2名。課長が、怒気を含んだ調子で一通り自社の窮状を説明します。その間、部下2名は黙ったまま。しばしの沈黙の後、課長とほぼ同い年と見受けられる部下の1名が課長に「僕も一言良いですか？」と、発言の許可を上司である課長に求めました。

あなたがこの場面に出くわしたら、どう思いますか。僕と同じように感じる人はどのくらいいらっしゃるか、とても興味があります。

僕は、とてつもない衝撃を受けました。「この部下の人は、発言するのにいちいち上司の承認を取るのか？」、それがびっくりした理由です。

繰り返しますが、僕は外資系での勤務経験しかありません。会議では思った事を発言し質問し、そこで上司や先輩の顔色を伺う事はありません。発言の前に承認を取るなどという時間とプロセスの無駄は、大嫌いです。会議では出席者の立場は関係ない、これが外資系での常識です。最良の成果を出すために、出

席者はできるだけ多様な意見を出すのが良い。そう信じているので、僕は常に「自分の頭で」考えて会議に臨みます。いいえ、会議だけではなく仕事の仕方そのものがそうです。

このような文化では、「会議で発言しないのは、いないのと同じ」という事が言われます。僕の見解も同じです。しょうもない質問でも良い、それによって「あぁ、こんな事を考えているヤツもいるんだ」と他の出席者に気づきを与える、これも立派な会議での貢献です。冒頭の事例に戻れば、部下の人はその会議に貢献する事が期待されているのですから、上司の課長に発言の許可など求めず、思った事を発言すれば良いのです。

会議では目立て、これが僕のモットーです。意見する事により、質問などで問題提起する事により、「藤野はこんな事を考えているのか」と気づいてもらえます。僕は元来長いものに巻かれない性格なので、多数決で多数意見になびかない事がしばしばあります。そしてそれは、他者と自分の考えの違いを認識するまたとない機会なのです。

但し、会議で出た結論には従いましょう。自分の意見と異なる方向性が出たからと言って、不貞腐れて文句を言い、決定事項を守らないのは良識ある大人のする事ではありません。どうしても従えないのなら、その組織を去るしかありません。僕は実際、こうして2社目を辞めました。

4-13

電話会議のテクニック

一口に電話会議と言っても、2人だけのものから大人数のものまであります。但し目的はただ一つ「より良いコミュニケーションをする」ためにその電話会議はある筈です。僕が気をつけている点を書きます。

- ☑ 喋る事、質問を事前に書き出す。予定された会議時間と同じくらいの時間は最低準備に充てましょう。
- ☑ 録音する。特に議事録を作成する必要がある時は必須でしょう。
- ☑ 相手の言っている事がわからなかったら、声を上げる。「Do you mean 〜？」
- ☑ 大人数の場合、必ず冒頭に「〜（自分の名前）speaking」と言う。誰が話しているかを明確にするためです。

4-14 キーボードの ブラインドタッチタイピングは 必ずマスターする

メラビアンの法則をご存知でしょうか。

コミュニケーションで発せられるメッセージで重要視されるものは何か、をアメリカの心理学者アルバート・メラビアンが実験結果から提唱した法則です。

視覚55％　聴覚38％　言語7％

考えてみましょう。新しい組織に仕事を得たあなたは、周りの注目の的です。そんなあなたは、自席でまず何をするでしょうか。

電話でしょうか。新入りのあなたにあまり電話はかかって来ないでしょう。

PCに触るでしょうか、触るでしょう。引き継いだ資料の閲覧、Eメールの送受信。

そのEメールをブラインドタッチタイピングで姿勢よく打つ。あなたが颯爽と見える事請け合いです。

ブラインドタッチタイピングができるメリットは割愛しますが、ワンフィンガーで下を向いてタイプする人と比べて「カッコ良く」見えますよね。姿勢は大切、姿形は重要なのです。"ゼロトレ"の著者石村知見さんは、「姿勢がその人の印象を70％決める」と仰っていました。

あなたの仕事ぶりがカッコ良く見えるよう、ブラインドタッチタイピングは必ずマスターしましょう。

4-15

ビジネスは戦い
但し戦う相手は冷静に見極めよ

ビジネスは戦いです。同時にステークホルダーを喜ばせるべきものです。

戦うべき相手は誰でしょうか。多くの場合は競合相手ですが、場面場面で異なります。時には、利害が対立した顧客かも知れません。

しかし、「社内の誰かと戦っている」多くのケースは、不健全な戦いでしょう。僕が2回受けた退職勧奨では人事やボスと戦いましたし、2社目を辞める決心をしたのは協働すべき社内他事業部長が僕を敵に見立てて戦いを挑まれた事が遠因でした。

敵を作る、戦うという行為はエネルギーをものすごく消費します。頭に血が上ると冷静な判断ができなくなります。

戦う相手は冷静に見極めましょう。そして、冷めた頭で戦いましょう。

本質を見極める「why」

欧米人との接点・会話が多いと、「why」をよく考えるようになります。僕の経験上、このような考え方は、物事の本質を見極めるのにとても有効です。

新しい組織での仕事、理解に苦しむ事がたくさんあるでしょう。組織のデザイン、人の力関係や相性、自分に求められる責任役割、これらは仕事をするなかで自分で考えて仮説検証を繰り返し、ノウハウを構築するしかありません。時間の経過と共に変動する要素も多く、前任者からの引き継ぎもあまり役立ちません。

「どうしてなのか」を考えましょう。欧米人は質問される事が好きですし、こういう質問をする日本人を高く評価します。

第 5 章

僕を支えた英語とランニング
切っても切れない相関関係

僕を支えたもの① 英語
その1
英語はネットワークを広げる手段

失職して「自分の強みは何か」を考えた時、僕は「国際的な組織で培った論理的な交渉力」との結論に行きつき、職務経歴書に書きました。

大学新卒で就職した1社目が外資系だったので否応なくこうなったのですが、そもそも大学4年生の時に外資系を受けたのは、「2浪1留して日本企業は履歴書で落とされるから」という、実に消極的で情けない理由でした。英語が得意だった訳でも、外資系で働く自信があった訳でもありません。

でも外資系に入社しました。どうなったでしょう。

- ☑ 席を外している上司にかかってくる英語の電話
- ☑ 「これ、明日の会議資料、よく読んでおくように」と言って渡される20ページもある英語の資料
- ☑ たまにやって来てパーティーで話しかけられる米国本社からのビジター

「英語は苦手です」などと言いたくても言えない。付け焼刃でも克服するしかありません。どうしたでしょうか。

原則①「好きなものから入る」です。そんな僕が、後に肩叩き

に会う会社で月1回発行されていた社内報に、入社4年目の時に掲載された座談会で僕が話した秘訣です。

僕は野球を見るのが好きで、当時僕は日本人メジャーリーガーのパイオニアとして渡米した野茂英雄さんのファンでした。そこで、まずメジャーリーグ中継の音声を英語で聞き、関連する英語雑誌を買って読む、という荒療治をしました。

我々日本人の多くは、英語を「勉強**しなければならない**苦痛なもの」と捉えています。「何で私がそんな事しなくちゃいけないのよ」を口癖にする人がいますが、そのような心持ちで物事をしても上達しませんし、何より楽しくありません。ならば、楽しもうではありませんか。好きな事は楽しいですし、楽しいからもっと好きになる。この原理を利用し、メジャーリーグをきっかけに英語のリズムや文法の基礎を身につけました。

原則②「少しでも良いから毎日英語に触れる」そう心に決めてもなかなか守れない人が大半、かくいう僕も実はそうです。これを守るには「決まった時間に取り組む」に限るでしょう、条件反射にしてしまうのです。今の僕は、毎日リスニング30分とスピーキング10分を課しています。リスニングは、早朝ランニング時にiPhoneにインストールしたBBC News、スピーキングは、趣味と実益を兼ねて行っているサークル・トーストマスターズの米国国際本部から自宅に届くマガジン、などです。

ランニング時はメモが取れません。聴いていてわからない単語があってもたいていスルー。しかし、どうしてもこの単語がわからないとニュースの意味がさっぱりわからない、という単語にたまに出くわします。そこで威力を発揮するのが、持参して

いる小型の IC レコーダーです。

そんなこんなで身につけた英語、今では「仕事で英語を使うんですか」と聞かれると、「はい、英語で仕事をしています」と堂々と答えるようになりました。改めて今自分の強み武器は何か、と考えた時、目ぼしい資格を持たない僕は「英語で仕事できる」事が最大の武器である事に気がつきました。

大学卒業時は得意でも何でもなかった、けれど仕事を通じてもがき苦しんで身につけた英語。英語の身につけ方（あえて"勉強法"という言葉は使いません）は、僕なりの意見がたくさんあるので、少し書かせて下さい。

英語をツールとして操るために、僕が常日頃考えている必要な事を優先順位が高いと考える順に片っ端から書きます。

① **話す**

　日本人は苦手ですよね。逆に僕が仕事で英語を使いこなせているのは、この訓練を他の人より質量共多く積んだからかも知れません。話すのは、声に出して、です。アウトプットです。

② **恥をかく**

　"痛いところを突いたな"と思った方は多いでしょう。ここを通らないと英語は操れるようにはなれません。

　最初から上手に話せる人はいません。「上手になったら話そう」そう考えている人はすぐにわかります。話しません。

　恥をかくのは恥ずかしい事です。プライドも傷つきます。

話は少し逸れますが、失敗を必要以上に咎める日本の文化が「恥をかく」事に対しても多くの人を尻込みさせているように思えてなりません。

そうではないのです。失敗はどんどんすれば良いのです。恥をかいて直された自分の英語の文法や語法は、絶対に忘れません。だってあんなに恥ずかしかったのですから。

「藤野さんはいいよな、英語が話せて」こう言う人に、僕は内心虫唾が走る程腹を立てています。そしてこう言っています。「"英語が話せる"のではない、そうなるために時間と労力を費やし恥をかいたから今日の僕があるのだ」「あなたは"話せない"のではない、"話さない"のだ」と。

③ **英語は英語で考える**

実はこの項目は、通訳をしている友人と僕で意見が割れました。友人は、仕事柄英語⇔日本語を訳す方が良いとの意見でした。また、英語のレベルによっても違うのではないか、との意見がある事も重々承知です。つまりは、「英語は英語で考える」事ができるのは英語上級者であって、初中級者は「考えるための英語の語彙文法が不足している」との考えです。

しかし、英語のレベルに関係なく、やっぱり「英語は英語で考える」のが良い、これが僕の結論です。これをサポートする理由は、よく言われる「英語圏の赤ん坊は最初から英語で考える」です。

偉そうな事を書きましたが、こんな僕も英語は未だに毎日鍛錬しています。一生続けるでしょう。今一番の課題は「リスニング力」のアップ、そのためにシャドーイング（耳から入った英語を口に出す）を繰り返しています。

もう一つ、お金をかけずに英語を上達させる方法を紹介します。ベタですが、「NHKラジオ講座」、僕が10年続けているのが「実践ビジネス英語」杉田敏先生の講座です。

テキストの指示通り文字を見ずにビニェットを聞きます。簡単なものは1回聞けば意味が取れますが、難しい時はさっぱり意味がわかりません。しかし、それでも聞きます。何度でも聞きます。「これ以上何度聞いても意味はわからない」と思ったら、わからない単語の意味を推理し（これが僕独特のやり方でしょう）ストーリーを想像します（できれば書き取ります）。その後初めて日本語訳を見て、自分の解釈したストーリーがどの程度合っていたのか、をチェックします。海外出張など自分以外の全員がネイティブのシチュエーションでは、意味がわからなくても辞書を引く暇もなく、聞き返す事もできないシチュエーションもあり得ます。そんな時のために「意味がわからなくても類推する・想像する」事が不可欠なのです。

言語はコミュニケーションの手段です、使わないと途端に錆びつきます。それが母国語でなければなおさら。なので英語は毎日"楽しく"触れ合いましょう。

僕を支えたもの① 英語
その2 「英語が話せていいな」
ではないのですよ！

他人に言われて腹が立つ事、人それぞれ多かれ少なかれあると
思いますが、僕にとっては断然これ。

「藤野さんは英語が話せていいな」

まるで人間に「英語が話せる人」と「英語が話せない人」の2
種類があって、自分は後者で僕を前者とみなすような言い方で
す。

本屋に行くと、英語を身に着けるための指南書はゴマンとあり
ますね。いろんな人がその人独自の理論で書いている。人間は
一人一人違うのですから、その人に合った学習方法上達方法は
異なるでしょう。なので、たくさんあるのもうなずけます。

ただ、「○○時間で英語がペラペラになる」「聞き流すだけで英
語が口を突いて自然に出るようになる」類の広告には、苦笑を
通り越して失笑してしまいます。そんな訳ないでしょ、と。

前項で書いた通り、僕は英語を道具として使っています。英語
は目的ではなく、コミュニケーションの手段です。

仕事をするのにスキルの差はあっても、プロフェショナル意識
はすべての人が持つべきものです。プロフェショナルとして、

英語でコミュニケーションを取るのに、「相手の言っている事がわからない」では仕事になりません。電話をする、聞き取れなかったらメールしてもらう、それでも意味がわからなかったらもういっぺん電話する。どんな手段を講じても「相手の言っている事がわかる」までコミュニケーションするのが、プロフェッショナルです。

そんな必死の意識で仕事していれば、手段の英語は身につきます。

僕は「英語が話せる」のではなく、「英語を話す人と意思疎通ができる」のだと思っています。その意思疎通の手段は、ボディランゲージかも知れませんし、言葉かも知れない。

「私は英語が話せない」そんな意識でいると、「話せないから意思疎通できない」「だから相手が英語で何を言っているのかわからなくても仕方がない」「英語を話せる他人を介してコミュニケーションすれば良い」、そんな無責任な、他責な意識になります。

意識に内資系も外資系もありませんが、プロフェショナルは冒頭のような言葉を絶対に発しません。僕が冒頭の言葉を聞いて腹を立てるのは、その言葉を発する人にプロ意識が欠けているからです。

英語を身につける秘訣、それはプロフェッショナリズムなのです。

僕を支えたもの① 英語
その3　Volition

"volition" という英単語をご存知でしょうか。

「意志の力」「決断」と辞書には書かれています。僕が最も好きな英単語です。

この言葉を知ったのは、メジャーリーガーのパイオニア野茂英雄さんの本、だったと記憶しています。彼が近鉄バファローズからメジャーリーグに行く事になった時、日本のマスコミは挙って「野茂はメジャーリーグで通用するか」との視点で議論を戦わせました。それをインタビューされた野茂氏の言質は、こんなニュアンスだった、と記憶しています。

「通用するか、しないか、ではなく、自分は絶対にメジャーリーグでやるんだ。それしか考えていなかった」

僕の英語に対する考え方もこれです、「わかる、わからない、ではなく、自分は絶対に相手とコミュニケーションを取るんだ」と。

この "volition" という言葉に出会ってから、「したい事を決めたら真一文字に突き進む」メンタリティーになったように思います。

自分の言いたい事は必ず伝える、相手と必ずコミュニケーションを取る。そのvolitionが僕に英語を習得させてくれたので

しょう。

目的を決めたら、決意したら、真一文字。そんな意気込みが感じられる英単語"volition"、いい響きです。

5-4
僕を支えたもの② ランニング
その1
ひらめくアイデア、みなぎる活力

実際ランニングを始めたのはこの原稿を書いている5年前からなので、転職する自分を"支えた"というのとは少々違うのですが、54歳の今人生で今が最も切れ味鋭いと思っている頭脳を支えているのは間違いなくランニングなので、少し書かせていただきましょう。

中学高校時代はいわゆる"駅伝少年"でした。中学時代はやせ細りのチビでしたが、1年生の頃から持久走は学校で1番。ですが埼玉県はいろんなスポーツのレベルが高く、県大会ではまったく歯が立たなかった記憶があります。
高校に入ると、レベルの高い3年生に恵まれて厳しい練習をこなすうち、高校駅伝（マラソンの距離42.195kmを7区間に分けます）の7人目のメンバーに滑り込み、関東大会まで出場。しかし冬休みに行ったスキーで右足首を激しく骨折。1年近くボルトを入れて固定する大怪我でアウト。2年の冬に復帰するも鳴かず飛ばずの消化不良で陸上人生を終えました……と思っていました。

この本を書くきっかけになった転職。この転職がなければラン

ニングを再開する事もきっとなかったでしょう。

と言うのも、ランニング再開のきっかけは、2013年末に入会したトーストマスターズクラブに65歳で年齢別マラソンランキング7位！という強者がいたからです。プレゼンテーション・スピーチの向上を目指して入ったサークルにいた人の強い影響で、思いがけず再開したランニング。結果として計り知れない好影響を僕にもたらしてくれました。

① **健康な心身**　乗馬を12年くらい続けてはいましたが、ランニングを始める頃の僕は172cm74kg。BMI24近くの限りない肥満予備軍でした。今の体重は62kg。風邪をひく事がほとんどなくなり、ここ2年で医療機関のお世話になったのは、健康診断の人間ドック、定期的な検査をする歯医者とマッサージの接骨院のみ。どこかが痛い、悪い、でお医者様のお世話になった事は皆無で、毎日高いエネルギーレベルを維持できています。

　ここで強調したいのが、健康な“心”。何を隠そう僕はある皮膚疾患で悩んでいた時期もあったのですが、病気というものは人の心を後ろ向きにします。しかし、病気がなく毎朝走ってから仕事や趣味に取り組むと、笑顔で前向きに「何でもどんと来い」の気分に。自分で幸運を呼び込んでいる感覚があります。

② **ひらめき**　僕は主に朝走りますが、走っている最中にいろんな良いアイデアがひらめきます。きっと脳が開放的に

なっているのでしょう。会社の机で悩んでいた事や、プレゼンテーションをより良いものにするなど、いろんなアイデアが浮かぶので、最近はこちらが走る目的になっているほど。走っていてメモが取れないので、"音声で記録"するICレコーダーは、僕のランニングの欠かせないお供です。最も、勢いに任せて浮かぶアイデアなので、あとで冷静になって聞き返すと半分くらいは「やっぱ、やめとこ」というものもあります。

③ **精神力の強化** ランニングを続けている人の多くは、「フルマラソンで4時間を切る」などの目標を持っています。目標を持つと、そこに到達するためにはどうしたら良いか、との健全な思考が育まれます。目標なので多少の努力が必要になる、趣味とはいえ"頑張る"事が求められます。しんどい練習をこなすには、一人より仲間を作る（なのでランニングクラブに入りました）、自分にご褒美を与える、などの方策が考えられますが、これをこなしていると"あきらめない"心が育まれます。つまり精神力が強化されます。これは人生のあらゆる面に好影響を与え、ネガティブな面は何もないほど。

「目標を持つ」
「目標を達成するための手段を考える」
「チャレンジする・ストレッチする」
ビジネスの世界、特に人材育成の手法としてよく聞く心構えで

すが、のんべんだらりんなプライベートを過ごしている人にこのような事を言っても効果薄です。

2-3-12項でも述べた通り、ワーク・ライフは表裏一体、どちらもあなたに必要なものです。プライベート・趣味でも好奇心を持ち、目標を持ち、チャレンジしているとビジネスでもチャレンジングな場面に出くわした時、戦う闘志がわきます。

旅先出張先で朝走るとそれが観光になる、当然肉体が強靭になる、など他にもランニングの良い面はたくさん。

僕はフルマラソン3時間切りを狙うシリアスランナーですが、今周りを見渡すと底辺が広がり走る事そのものを楽しんでいる仲間が多いなぁ、と感じています。これもとても嬉しい事です。

勿論、今まで書いた事を"起こす"手段はランニングである必要はなく、ジムでの運動でも、自転車でもスイミングでも良いわけです。ただ、何かの「運動」が良いのは、間違いないでしょう。

僕を支えたもの② ランニング
その2　戦う意志を養う

僕にとって、ランニングの大切な効用がもう一つあります。それは、「戦う意志を養う」事です。

仕事は厳しいものです。今の僕の仕事は、簡単に言うと自社海外工場と日本のお客様の橋渡し。食い違う両者の利害を交渉してWin-Win解決に導く。

加えて僕の働く製薬業界は、米国ではFDA、日本ではPMDAなどのいわゆる"お上"つまり"Authority"の決定には絶対服従、最も厳しいレベルの規制産業。人の命が関わるのである意味当然ですが、理不尽と思わざるを得ない事象に出くわす事もしばしばです。

なぜそうなるのか。相手を説得するには、どんな事実・データ・ロジックを組み立てるか。こんな事を日本語や英語のチャンポンで毎日考えていると、糖分が切れた夕方に偏頭痛を起こす事もあります。

健全な頭脳と高いエネルギーレベルを保つために必要なもの。それは、何をおいても頑強な身体です。

身体を健常に保つのに、ランニングは最高の手段、だと心底思います。もやもやがあっても走ってシャワーを浴びると、頭脳スッキリ。前夜多少飲み過ぎても、朝のひとっ走りで二日酔い

はチャラ。

ハードな交渉をするのに、身体や心に少しでも隙があると弱気になるものです。ましてやこれが長時間狭い飛行機に乗った後で昼夜がまったく逆の海外の場合、「眠いから」「時差ボケで調子が悪いから」成果を出せない、では自分の信用はガタ落ち。寝たい時間に、あるいは寝るべき時間（夜）に寝るために、身体を疲れさせる意味でもランニングは有効。

チームメートも道具も器具もいらない、シューズ一つで好きな時間に一人で始められるのも、ランニングのメリット。走る事はそれ自体が目的で楽しいものですが、それがもたらす効果に気がついてからは、「戦う意志を養う」目的を達成するための手段として活用している僕。

やせ我慢でも誇張でも何でもありません。いいですよ、ランニング。

藤野メソッドによる転職成功体験談

ここでは、出版前だったこの本の原稿を読み、実際に英文職務経歴書の添削を通じて、日系商社から外資系機器メーカーへの転職を果たしたＡ氏の体験談を、本人からいただいた原稿をそのまま掲載します。

私の英語はTOEIC500点未満の実力でしたが、志望先の外資系企業の働き方やマーケティング、その他魅力的な面が多く、職務が内資企業顧客への営業という事もあり、応募しました。仕事の中で英語力はあまり問われないとの事でしたが、当然外資系という事で今後必須になるだろうと覚悟はしていました。その中で早速面接で英文レジュメの作成を求められました。作ってみたものの全く自信がなかったので藤野さんへ相談したところ、表現方法や単語の使い方などを教わり、添削して頂いたお陰で内定を獲得する事ができました（ほとんどすべての文章を赤字で直して頂きました）。自分では思いつかない表現が多かったのですが、より相手に伝わりやすい表現であるという事と、よりポジティブで好印象な表現があるという事には驚きました。中身については具体的な内容をかなり入れていたので面接の際に聞かれた質問もそれに則した質問が多く回答に困る事はありませんでした。

あとがき

「今日から会社は敵だ」と家族に言い放って家を出た2009年のあの日から、早10年経ちました。

このセリフを言った人にもしもう一度出会ったら……
僕は自信を持って言えます。
「追い出して下さってありがとうございました。あれから楽しい仕事人生です」と。

やせ我慢でも強がりでもありません。実際そうなのです。
この本に書いた事は、2009年のあの日から築き上げた、僕の生き方そのものです。
人と会い話を聞いたり、本を読んだり、旅をしたり、僕が体験した事を消化して出来上がったものです。

実は、50歳の時に「本を出そう！」と決心してから、実現までに4年かかりました。
そして、出版の決心をしたのとほぼ同時に「達成する」と決意した事があと2つあります。
その1つは、この本の内容ととても関係が深い"キャリアコンサルタント"資格の取得です。3度目の挑戦でようやく合格しました。
達成したい事の残り1つは、"フルマラソンでサブスリー"つ

まり３時間以内にゴールする事です。

達成したい、と心から願う目標を立てて、その手段を考え実行する。失敗したら謙虚に反省し修正する。成功したらその達成に手を貸してくれた人に感謝し、一緒に喜び合う。
振り返ると、仕事もプライベートも2009年のあの日からはこの繰り返し、そんな気がします。
目標達成から逆算してスケジュールや行動計画、会う人を決める。僕の意識です。

本書の出版で２つ目の目標を達成しました。
残るはフルマラソンでサブスリー、繰り返しますが僕は今54歳。加齢とも勝負しています。今年は膝を故障しました、今リハビリ中です。あと18秒。

できます。僕にも、あなたにも。

●著者略歴

藤野理哉（ふじのまさや）

慶應義塾大学理工学部応用化学科卒業。

一貫して外資系化学・製薬受託企業日本法人でセールスエンジニアのキャリアを積む。大学新卒で勤務した1社目は勤続18年余りで退職勧奨を受け、不本意ながら44歳で辞職。失業わずか9日のブランクを経て2社目に就職。そこから「自身を磨き上げる」ことを目的として行動し、50歳でヘッドハントされ3社目に転職。販売困難な特殊技術を売る"最後の砦"のセールスエンジニアとして悪戦苦闘するも2年後にポジションクローズを言い渡される。52歳の高齢で余儀なくされた転職活動を経て、現在4社目に勤務。明確な目標を達成するため意欲的刺激的な毎日を過ごす。

深く考える・読書・さまざまな自己啓発・趣味を通じ、自身で構築したノウハウを礎に、3度の転職で満足度と収入両方のアップを勝ち取る。

1社目入社直後に受けたTOEICは430点。以後アウトプットを中心とした方法で"伝える英語"を習得し、現在は業務英語を自在に操る。宇都宮市の自宅から東京までの新幹線通勤歴22年、乗車総距離は地球30周に相当する。

趣味は献血（258回）とランニング、フルマラソン完走21回（ベストタイム3時間00分17秒）

国家資格キャリアコンサルタント。

masa.fujino529@gmail.com

外資系天職を勝ち取る

2020年2月14日　第1刷発行

著　者　藤野理哉

発行者　太田宏司郎

発行所　株式会社パレード
　　　　　大阪本社　〒530-0043　大阪府大阪市北区天満2-7-12
　　　　　　　　　　TEL 06-6351-0740　FAX 06-6356-8129
　　　　　東京支社　〒151-0051　東京都渋谷区千駄ヶ谷2-10-7
　　　　　　　　　　TEL 03-5413-3285　FAX 03-5413-3286
　　　　　https://books.parade.co.jp

発売元　株式会社星雲社（共同出版社・流通責任出版社）
　　　　　　　　　　〒112-0005　東京都文京区水道1-3-30
　　　　　　　　　　TEL 03-3868-3275　FAX 03-3868-6588

装　幀　藤山めぐみ（PARADE Inc.）

印刷所　創栄図書印刷株式会社